NAZEKA SUKARERUHITO NO CHIISANA SHUKAN

なぜか好かれる人の小さな習慣

有川真由美
mayumi arikawa

自然と印象がよくなる88のヒント

毎日新聞出版

なぜか好かれる人の小さな習慣

自然と
印象がよくなる
88
のヒント

はじめに

あなたのまわりに、こんな「なぜか好かれる人」はいませんか?

好かれようとして人のご機嫌をとらなくても、なぜか好かれる人。
まわりに合わせず、マイペースに生きていても、なぜか好かれる人。
喜怒哀楽を出して、言いたいことを言っても、なぜか好かれる人。
失敗やミスが多くて、まわりに迷惑をかけても、なぜか好かれる人……。

「なぜか好かれる人」は、特別な魅力があって性格がいい人だと思っていませんか?
でも、どんな人でも、日ごろの小さな習慣によって、「なぜか好かれる人」になれるのです。

それは、ほんのちょっとした習慣です。

相手の目をちゃんと見て返事をする
会話のなかに相手の名前をちりばめる
全否定せずに「NO」を伝える
ビルの管理人や宅配業者にも、丁寧に接する
話の輪に入れない人がいたら「○○さんはどう?」と話を振る……。

「なぜか好かれる人」は、まずは自分が好意や感謝、リスペクトなどを、出し惜しみなく伝えています。少しだけ相手の気持ちを和らげたり、心地よくしたりすることをやっています。なによりそんな習慣は、自分自身をやさしい気持ちにしてくれます。

じつは、相手が好きだから習慣が生まれるのではなく、心がけている習慣によって、相手への好意ができていくのです。たとえ、相手のことを「苦手だなあ」「なんか噛み合わないなあ」と思っていても、あたりまえのことにも感謝を伝える習慣があると、自然とわだかまりが消えて、人間関係も良好になっていきます。

〝好き〟という感情は、自分の意思によってコントロールできるのです。

私も20代、30代のころは、自信がないのに自意識過剰で、他人にどう思われるかばかりを気にして生きていました。まわりに合わせようと言いたいことも言えず、つくり笑顔で過ごしていたため、人への不満が溜まって限界を迎えることの繰り返し。同僚から仲間外れにされたり、足を引っ張られたりすることもありました。

そんなとき、だれからも好かれている上司を見習って、「挨拶はつねに自分からしよう」と決めて、やってみました。

すると、まわりの人たちの反応が驚くほどあたたかく変わって、「ランチ、一緒に行く？」と言ってくれる人も出てきました。

人との壁をつくっていたのは、自分自身だったと気づいたのです。

ひとついい習慣が身につくと、自信がついてくるもの。「挨拶に一つか二つ、言葉を添えてみよう」「相手のいいと思ったところをほめよう」と、つぎつぎに新しい習慣が生まれ、一つひとつ定着していきました。

そんな小さな習慣が、人と人との間に心地いい空気をつくり、仕事や生活の安心感につながっていきました。びっくりするほど大きな仕事のチャンスを与えてもらったり、素敵な人と出逢って親友になったり、人生の大ピンチで助けてもらったりしたのも、小さな習慣のおかげだと思うのです。いまは距離感さえ間違わなければ、「どんな人ともつき合える」という自信があります。

「なぜか好かれる」というのは、他人へのわだかまりがなくて、いつも心が明るく開かれていること。だから、自然とまわりも明るくなり、人が集まってきます。物事がうまくいくための土台で、幸せに生きるために、とても大切なスキルです。

人の感情は理屈を超えてきます。だれもが好きな人には、自然になにかをしてあげたくなるし、嫌いな人にはなにかしてあげたいと思わない。どんなに能力があっても、利益があるとわかっていても、関わりたくないのです。

もし、あなたが、この本に書いている習慣をひとつでも実行し、繰り返していけば、つぎのような効果があります。

- 嫌いな人が劇的に減り、「人に恵まれている」と思える

・気持ちの余裕ができて、まわりの人にやさしくなれる
・他人のキツい攻撃やマウントにも、むやみに傷つかなくなる
・人や情報、チャンスが集まって、自分を引き上げてもらえる
・人と楽しみや喜びをシェアして笑い合う機会が増える
・自分の手に負えない問題をだれかが解決してくれる
・自分に自信がもてるようになり、やりたいことが実現しやすくなる

小さな習慣は、人格や人間関係を変えるだけでなく、人生をガラリと大きく変えてくれるほどのパワーを秘めています。

さて、習慣というのは、「簡単なことでないと続かない」「〝快感〟がないと続かない」という特徴があります。まずは、この本のなかから「これならできそう！」と心に響くことを一つだけ実行してみてください。

習慣化のコツは、「朝起きてすぐに、これをやる」「出勤の電車のなかで」「人と会ったとき」など「こんなときに、これをする」というルーティンを決めることです。

そして、習慣を実行することで「こんな自分っていいな」「やってよかった」「いい感じだった」という満足感、爽快感をしっかり味わいましょう。万が一、期待通りの結果や反応がなくても、実行しただけで自分への信頼が重なっているのです。

私たちの人生は小さな習慣と環境、とくに人間関係によってできているといっても過言ではありません。

この本をきっかけに、あなたの行動がひとつでも変わって、人生が明るい方向に動き出すことを心から願っています。

2024年11月　有川真由美

Chapter 1

「明るく感じのいい人」は好かれる　19

Chapter 2

Chapter 3

「自分を大切にする人」は好かれる

Chapter 4

「相手に興味と理解を示す人」は好かれる

Chapter 5

「気配りのできる人」は好かれる

Chapter 6

「言葉に愛と敬意のある人」は好かれる 155

Chapter 7

「なぜか魅力的な人」は好かれる

ブックデザイン アルビレオ
校閲 東京出版サービスセンター
DTP マーリンクレイン

Chapter
1

「明るく感じのいい人」は好かれる

1

「挨拶《あいさつ》はつねに自分から」で好意を示す

「なぜか好かれる人」というのは、年齢や立場に関係なく、相手に気づいたら、自分から率先して、挨拶をします。

かつて働いていた会社の社長は、たびたび社内を歩き回って、社員一人ひとりに自分から「おはよう。昨日は急な仕事を引き受けてくれて助かったよ」、アルバイトにも「お疲れさま。もう慣れましたか？」などと声をかける習慣がありました。

そのためか社長はまわりからの信頼が厚く、悪く言う人は皆無。社長の依頼には応えようとするし、社長の誕生日には、みんなでサプライズパーティをしていたほど。

一方で「挨拶は目下のほうからするべき」などと言う人もいますが、もったいない。自分から挨拶することの恩恵は計り知れないのです。

挨拶をすることは、たとえ相手が苦手な上司、前日にケンカした家族、初対面の人など、だれであってもこんなメッセージを示すことになります。

なにより大切なのは、言葉を交わすことです

「あなたの存在をちゃんと認めています」「あなたに敵意をもっていません」「仲良くしたいと思っています」……。こちらがそんな好意を示すと、相手もほっと安心して、好意をもつようになります。そんな心理を「好意の返報性」といいますが、自分から挨拶することを習慣にしている人は、自然にまわりからの好感度が高まり、コミュニケーションがスムーズになっているのです。

声をかけられてからするのは挨拶ではなく、単なる〝返答〟。そこに好意は感じられません。自分から挨拶する人のほうがずっと好印象で、信頼もされるでしょう。

挨拶はあれこれ考えず、ひと言「おはようございます」「おつかれさま」などと言えばいいだけ。時間も手間もかからず、簡単かつ確実に人間関係をいい方向に導いてくれます。いつでも、どこでも、だれに対しても、自分から声をかけたいものです。

2

「笑顔で始まり、笑顔で終わる」を心がける

初対面のとき、相手がにっこり笑顔だと、ほっと安心するものです。相手が微笑みを浮かべて話を聞いてくれると、話しやすくなります。気まずい状態のとき、相手が笑うと、救われたような気持ちになります。「いい感じの人だな」と思われる人は、例外なく、いい笑顔。笑顔の人に接すると、こちらまで笑顔になり、明るい気持ちになっていきます。

私は言葉のあまり通じない国々を取材旅行しているとき、笑顔が最大の武器になることを実感してきました。市場で買い物をするときは、店主の顔をにっこり見て「これが欲しい」というように指さすと、店主もニコニコしてオマケまでつけてくれる。写真を撮らせてもらうときは、持っているカメラを指差して、笑顔で「OK?」と聞くと、相手も「OK、OK」とにっこりポーズをとってくれる……というように。笑顔によって心が通い合い、相手の懐にするりと入って、目的を叶えていけるのです。

笑顔には、人も幸運も健康も引き寄せる力があります

笑顔は万国共通の、もっともシンプルなコミュニケーションツール。相手が子どもでも、高齢者でも、笑いかけると、たいてい同じように笑い返してくれる。逆に、冷たい態度をとると、相手も冷たく接してくる。人間は、自分がされたことを相手にもしようとする生き物。とくに出会って最初の数秒と、別れるときの数秒、どんな表情で接するかは、自分のイメージを印象づける別れ道になるのです。

笑顔というのは、相手を明るくするだけでなく、自分自身の心も明るくほぐしてくれます。普段から笑顔を心がけていると、「楽しいから笑顔になるのではなく、笑顔でいるから楽しくなる」という法則を実感するはず。心に余裕が生まれて、健康面では免疫機能が高まるというのですから、笑顔のパワーは無限なのです。

ずっと笑顔でなくても「笑顔で始まり、笑顔で終わる」を心がけてみませんか。

3
出かける前に、他人の目になって全身をチェックする

「見た目は関係ない。内面が大事だ」なんて言う人がいますが、見た目というのは、驚くほど、内面を映し出しています。

私たちは見た瞬間、視覚的な情報から「明るく楽しそうな人だな」「仲良くなれそう」「ちょっと近づきがたい」というように、人を判断するものです。

人は見た目で判断されるのは事実。身なりは、あなたの人間性に関する情報を絶えず発信しています。ただし、「感じのいい人」と好感をもってもらうために、容姿端麗のほうがいいとか、おしゃれでなければいけない、ということではありません。

〝身だしなみ〟が整っていて、〝清潔感〟があればじゅうぶん。「きちんとしている人だな」と信頼されて、丁寧に扱ってもらえます。反対に、髪がボサボサで、だらしない格好をしていると、相手は無意識に「適当で雑な人」「社会性があまりない人」などと感じて、雑な扱いをされてしまうのです。

"清潔感"とは、自分を客観視する習慣から生まれるものです

会う人を大切にして、最低限の敬意を払うために身につけてほしいのは、外出前に鏡の前で全身をチェックする習慣です。

髪は整っているか？　服にシワはないか？　襟元や袖口に汚れはないか？　靴はきれいに磨かれているか？　他人の目になって自分をちゃんと確認するのです。

それだけで、服や靴は事前に整えてから身につける習慣も生まれます。

また、自分を客観視する習慣にもなります。私は忙しくて鏡を見ることを怠っていると、みるみる肌や体型が劣化。反対に鏡を見る回数が増えると、「美容室に行こう」「パックでもしようかな」と自分をケアして、見た目も自信も回復していきます。

高価なものを身につけるよりも大切なことは、自分への手入れを惜しまないこと。自分を整えて大切にすれば、他人からも大切にされるのです。

4 相手の目をちゃんと見て返事をする

人がなにに意識を向けているかは、〝視線〟に表れるものです。

なにか問いかけたとき、相手がよそを見て「はいはい」と生返事をすると、「ちゃんと聞いているのかな？」と不安になるし、声をかけた瞬間、相手が下を向くと、「話したくないのかな？」と、それ以上、会話するのを躊躇《ちゅうちょ》します。

返事をするとき、無意識に目が泳いでいたり、遠くを見ていたり、スマホをいじっていたりすると、相手は「自分には興味がないのだ」と思うでしょう。

好かれる人は、相手の目をしっかり見て返事をするものです。それだけで相手は「聞いてくれている」「大切にされている」と実感して話せるのです。

人づき合いは、相手をちゃんと見ることから始まります。

相手と対峙したときに、「いま、なにを考えているのかな？」「どんな人かな？」などと相手に意識を向けてみると、表情やしぐさ、声のトーンなどから自然に気持ちは伝わってくるし、相手の個性も感じとることができます。

すると、コミュニケーションもスムーズ。たとえ意見が違っていても、気持ちのいい言い方をして、折り合いをつけていけるのです。

一方、「自分はどう思われるのか」と自分のことばかりに意識が向いている人や、話していても別なところに意識が向いている人は、相手のことが見えていないもの。だから、心が通い合わないのです。

まずは、返事をするとき、相手の目を見るようにしませんか。目を合わせるのが苦手な人は、相手の眉と眉の間を見るようにするといいでしょう。

相手のことをちゃんと見ようとする習慣は、家庭でも職場でも人を大切にして、自分も大切にされることにつながっていくのです。

視線を相手に向けると、どう振る舞えばいいかがわかります

相手は自分を映す鏡。

5
人に会うときは、意識して背筋をピンと伸ばす

突然ですが、人と会うとき、姿勢について意識したことはありますか？

おそらく多くの人は、あまり意識することはないでしょうが、この姿勢がいいか悪いかで、人の印象はまったく変わってしまうのです。

どれだけファッションや身だしなみに力を入れていても、背中が丸まって、だらけた姿勢では、台無し。暗くて内気で、まわりに心が開いていない印象になります。

背筋をピンと伸ばし、少しばかり胸を張った姿勢になると、明るくて、自信があって、だれに対しても心が開いている印象になります。歳を重ねてもかっこよくて、生き生きとした輝きのあるオーラを放っているのは、決まって姿勢のいい人です。

どうやら人間の体には、姿勢によって自分を一瞬で整えてくれる回路があるようです。背筋を伸ばすと、フェイスラインが上向きになって、頬も口角も自然に上がり、目もパッチリ大きくなり、しかも気持ちまで、一瞬で〝しゃんと〟引き締まるのです。

意識をポジティブに変えようとするより、「明るく自信のある自分」に成り切りましょう

「上を向いて歩こう」という歌のように、しんどいことがあったときほど、視線を上げて行動すると、気持ちも明るく、前向きになろうと思えます。

逆に言うと、姿勢がよくないままでは、ネガティブな連鎖反応が起こるということ。背筋を丸めた姿勢が習慣になっていると、表情も発言も暗くなりがち。だらけた姿勢ばかりしていると、面倒くさがりで、顔や体のラインもだらしなくなってきます。

姿勢は長年の習慣が形づくるもの。急に取り繕おうとしても、すぐに姿勢は崩れてしまいます。昨今はスマホを見るためか、猫背気味になっている人が多いようです。

人と会うときや、一人でデスク作業をするときにも、背筋を伸ばすことを意識してみてください。両肩をぎゅっと上に上げて、すとんと落とすと、背筋がまっすぐ、肩の力が抜けます。この姿勢を保とうとするだけで、気持ちも穏やかに整うのです。

6
年下や立場が下でも、親しくなるまでは敬語で話す

相手に丁寧な言葉で話すのは、礼儀の基本。どんな相手にも、初対面や親しくなるまでは、まずは敬語で話すことで、「この人は礼儀を知っている人だ」とホッと安心して、徐々に距離を縮めていけます。

ところが、年下や立場が下の相手に対して、いきなり「家、どこ？」「彼氏、いるの？」「それ、なに？」とタメ口で、距離を縮めてくる人がいます。

本人は親しくなろうとするつもりでも、相手は、上から目線や、プライベートゾーンにいきなり入ってくると感じて、心地悪くなることもあるはずです。

ある医大の学長は、卒業式のときに「伝えたいことはひとつだけ。生涯、患者さんに対して敬語で接してください」と伝えたといいます。

人の心とは弱いもの。「先生」と言われたり、年齢や肩書き、力関係で立場が上になったりすると、つい言葉や態度が横柄になってしまう。「これくらい言っていいだろう」

と、感情に任せて乱暴で、棘のある言い方をしてしまうこともあります。

そんなところから、まわりからの信頼をなくし、嫌われてしまうのです。

なぜか好かれる人は自分のほうが年上、立場が上だと思うときほど謙虚になり、「です・ます」の敬語で丁寧に接するようにします。だからといって、へりくだることもしない。だれに対しても敬意を示しながらも、フレンドリーでにこやかに話すので、相手は安心感をもって、心を開くわけです。

丁寧できれいな言葉というのは、自分を美しく表現し、守ってくれる透明なバリアになります。きれいな言葉を使うと、相手からもきれいな言葉が返ってくるのです。

親しくなったり、相手から「敬語はやめようよ」と言われたりしたときは、臨機応変に。「基本、敬語」の人はフランクな言葉でも、礼儀はわきまえているものです。


丁寧な言葉を心がけると、気持ちもやさしく、穏やかになっていきます

7 ネガティブなことを「ポジティブな言葉」で表現する

「明るくて感じがいい」と好印象を与える人から、「疲れた」「つまらない」「最悪」などといったネガティブな言葉を聞くことは、めったにないでしょう。

感じのいい人たちは、一見、ネガティブな事柄でも、ポジティブな言葉として表現する習慣があるもの。どんなことも言い方ひとつで、相手をホッと安心させたり、励ましたり、喜ばせたり……と、明るい方向に導くことができると知っているからです。

たとえば、残業をしていて、となりで同僚が「あぁ、疲れた」「まだたくさん仕事がある」「もう嫌だー」とブツブツ言っていると、こちらまでどんより暗い気持ちに。「私たち、よくがんばってるよね」「あと少し！」「先が見えてきた」などと前向きな発言をする同僚だと、こちらも気持ちが軽く、元気になってきます。

私はある会社に中途採用で入ったとき、「私だけ物覚えが悪くて、ミスばかりして申し訳ないです」と恐縮して言ったとき、上司のこんな言葉に救われました。

自分の印象、自分の未来を大きく変えるほど、言葉には秘めたパワーがあります

「私はたくさんの人を見てきたけど、覚えるのに時間がかかったり、たくさんミスしたりする人が、最終的にはいちばん成長する。だから、焦らなくてもいいんですよ」

そんなふうにプラスの側面から見てくれる人は、明るくて、聡明で、懐が深いと感じるもの。「この人についていこう！」と思ったほどでした。

言葉には、自分の気持ちをポジティブに変えてくれる〝自己暗示〟の力もあります。

「前向きにならなきゃ」と気持ちを変えるのは難しくても、言葉をポジティブに変換するのは簡単。ゲーム感覚で「忙しい↓充実している」「あと3日しかない↓まだ3日もある」「まったくダメな企画↓もうひと工夫欲しい企画」「頑固な人↓信念のある人」など変換するだけで、見方も変わるし、気持ちも前向きに変わるのです。

イライラするときや落ち込んだときほど、ポジティブな言葉を心がけたいものです。

8

「弱点」は素直に見せてしまう

だれもが人に好かれたい、自分をよく見せたいという気持ちはあるものの、それが過ぎると、自分の弱点を隠して、優れた点ばかりを見せようとしてしまいがち。

しかし、これが間違いのもと。虚勢を張って自慢話をしたり、よく知らないのに知ったかぶりをしたりして自分を装っても、相手には見抜かれてしまいます。

「そのままの自分を出したら、つき合ってもらえない」という不安が、相手を寄せつけない壁をつくり、どんどん人は離れ、どんどん自信もなくなっていきます。

「じつは英語が苦手なんです」「ダイエットしてもなかなか痩せません」「それ、よく知らないので教えてください」というように、弱点と思うことも素直に見せてしまったほうが、相手は「じゃあ、自分も素を出していいか」と安心するもの。完ぺきに見える人よりも、どこか〝スキ〟がある人のほうが、親しみがあって好かれるのです。

ある女性は、婚活で「最高の自分を演出しなきゃ」と思っているときは、どこかギクシャクした言動になったり、気持ちが噛み合わなかったりして、うまくいかず、友人が主催したパーティで、「私、料理ができないんです」「片づけも苦手」などと、ざっくばらんに話していたら、「自分は料理も片づけも好きだから、それでもまったく構いませんけど……」と、恋人に立候補する人が現れたとか。

ありのままの自分を見せることで、それに合った人も見つかりやすくなるのです。「自分はどう思われるのか」を気にせずに、ただリラックスしていて、一緒にいることを楽しんでいる……。そんなふうに自分を意識していないときに、いちばん自分が出ていて、生き生きして魅力的に映り、心も通い合うのです。

「これが私ですが、なにか？」と開き直ってしまったほうが、自分に自信がもてるし、人からも好かれるはずです。

自分が弱点と思うことは、
他人から見ると魅力であることが多いものです

9

一緒になって悪口や愚痴を言わない

どんなにきれいな顔立ちで、メイクや髪型が整っていても、悪口や愚痴を言っている顔は、歪んで貧相に見え、暗く澱んだオーラが漂っているものです。

「新人の態度がムカつく」「夫がゴロゴロしていて嫌になる」「上司がデキない人で疲れる」などと、言いたいことを言ってスッキリしたい気持ちはわかります。私も若いころ、同僚と仲良くなる手段として、「そうそう！」「私もそう思っていた」などと一緒になって悪口、愚痴を言って盛り上がることがありました。

しかし、悪口や愚痴でつながる関係は、互いに品格を下げ合っているようなもの。「この人には悪口を言っていい」と思われると、ガス抜きをする相手として都合よく扱われ、顔を合わせれば、条件反射的に悪口や愚痴が出てくるようになります。

すると、ほかの人は遠ざかってしまう。なぜなら悪口や愚痴は聞くのも言うのも、単純に気分がいいものではなく、「もしかしたら、私も悪口を言われるのでは」という不信感が生まれるからでしょう。

だれからも信頼される人は、悪口や愚痴を言っている人がいても、「あら、そう?」なんて流して、「彼女は慣れていないから、余裕がないのかもね」とあたたかい目で見たり、「今日の仕事はうまくいって、よかったよね」と明るい方向に切り替えたり。相手がつらそうなときは、矛先を悪口の対象に向けるのではなく、「それはつらかったね」「甘いお菓子でも食べる?」と相手の〝感情〟に寄り添います。

明るい方向に意識を向ける人は、数割増しで美しく、格好よく見えるものです。

ただし、「悪口は言ってはダメ」「愚痴を言っても仕方ない」と諌《いさ》めるのも冷たい対応。「そうだね」と同意するのではなく、「そう感じたのね」と受け止めつつ、さまざまな話題や喜びをシェアできるかが、関係性を長続きさせる秘訣なのです。

悪口を言っている時間は、つねにその対象に支配されていることになります

10

SNSは「自分が言われたらどう思うか」確認してから投稿

SNSのコメント欄の投稿や、LINEなどのやりとりというのは、リアルに会っておしゃべりするのと、本質的には同じコミュニケーションツールです。

気持ちのいい交流ができれば好かれるし、攻撃的なコメントや、上から目線のマウント批評、承認欲求を満たすための自慢ばかりをすると嫌われます。

リアル社会ではそんな言動はマイナスになるとわかっているのに、SNSではついやってしまい、なかにはわざと傷つけるような無神経なコメントをする人がいるのはどうしてでしょう。

それは、目の前に相手がいないからです。

面と向かっては言えないことでも、相手の顔が見えないと、つい好き勝手に書き込んでしまう。リアルでは、うっかり失言しても、相手の顔が曇るのがわかると、「ごめん。言い方が悪かったね」と訂正できますが、SNSは確認もできず、それを見た多くの人から不信感をもたれていても、気づきません。

つまり、「それを見た人がどう思うか」という想像が欠如して、ひとりよがりになりがち。「関わりたくない人」になって人が離れていくことも少なくないのです。

ある友人は、度々犬の投稿をして、犬好きの人たちと交流していたら、知り合いから「犬を飼うのもいいけど、人間のパートナーは見つけた？」といった書き込みがあり、心底、つき合いたくないと思ったとか。余計なお世話というのもありますが、プライベートな情報を公の場に書き込んでしまう無神経さに、不快になったのです。

「実際に相手が目の前にいても言えるか？」「自分が言われたらどう思うか？」、投稿する前に確認する習慣をつけましょう。すると、相手が喜んだり、興味をもったりするコメントになったり、たとえ反対意見でもソフトな言い方になったり。相手の気持ちを考える習慣は、どんなコミュニケーションにおいても、基本中の基本なのです。

コメントは「自分を認めてもらうため」でなく、「相手と気持ちのいい交流をするため」

11

別れ際は「今日は楽しかったです」と爽やかな余韻を残す

好印象をもってもらうためには、笑顔の挨拶や、清潔感のある身だしなみなど、〝ファースト・インプレッション（第一印象）〟を意識することが大切。ですが、それと同じくらい、〝ラスト・インプレッション（最後の印象）〟が肝心なのです。

それまで話が盛り上がっていても、「急いでいるんで」と挨拶も適当に、くるりと背中を向けてすぐにスマホをいじったり、さっさと消えてしまっては拍子抜け。家や事務所で見送られるとき、すぐにドアをバタンと閉めて、すぐに鍵をガチャリと閉める音がすると、追い出されたように感じる人もいます。

格式のある料理店や旅館などは、帰り際は「お越しくださり、ありがとうございました。どうぞお気をつけて」と丁寧に挨拶をして、お客が角を曲がって見えなくなるまで手を振ってくれるもの。いい会社ほど、エレベーターホールや玄関先まで見送ってくれることが多く、そんな人を大切にする振る舞いにお客は信頼感をもち、「また

見えなくなるまで見送るだけで、好感度はバツグンです

このお店に来たい」「一緒に仕事をしたい」などと思うのです。

「終わりよければ、すべてよし」というように、初対面の相手や、よく会う友人でも、余韻の感じのよさが「また会いたい」と思ってもらえるポイント。ほんの数分しか違わないのですから、バタバタと帰るのではなく、相手の顔を見てゆっくり挨拶をしたり、にこやかに手を振ったりして、そのひとときをしっかり味わいたいものです。

今日、会えたことの喜びや感謝も、恥ずかしがらず、惜しみなく伝えましょう。

明るく、爽やかに「楽しくて、あっという間でしたね。話し足りないくらいです」「ずっとお会いしたかったので、今日は願いが叶いました」「久しぶりに大笑いして元気が出ました。ありがとうございます」などと喜びを伝えられたら、相手の心のなかに、心地いい余韻が刻まれるのではないでしょうか。

Chapter 2

「一緒にいて心地いい人」は好かれる

12 挨拶に一つか二つ、言葉を添える

「なぜか好かれる人」は、まるで気持ちのいい風が吹いているように、一緒にいると心地よく、安心できる人です。それは、性格や相性といったものだけではなく、相手を心地よくさせるような小さな習慣があるからです。

chapter2では「一緒にいて心地いい人」になる習慣についてお伝えしましょう。

まず一つ目は、「おはようございます」「こんにちは」と挨拶をするときに、ありふれた言葉でもいいから、一つか二つ、言葉を添える習慣です。

「今日はやっと晴れましたね」「そのネクタイ、素敵ですね」「最近はお忙しいですか？」「先日はありがとうございました」など、なんでもいいのです。

すると、すべての人に対する礼儀としての挨拶が、その人ひとりに向けた雑談になります。「今週はずっと雨でしたからね。今日はたくさん洗濯物を干してきました」なんて相手が乗ってきて、おしゃべりが始まることもあれば、「そうですね」と、そっ

けない返事のこともあります。それでいいのです。ひと言あるだけで、こちらから「仲良くしたいです」という好意を示せるし、相手との距離感も測れます。

とにかく、短い言葉のやりとりがあるだけで、その場の空気が流れ出します。互いの間の風通しがよくなり、重苦しさがなくなります。前日に意見の対立でギクシャクしても、挨拶のあとにひと言あると、わだかまりが消えて、軽い空気になります。

わざわざ声をかけたり、時間をかけたりする必要はありません。顔を合わせたときのほんの10秒の積み重ねが、互いの好意を少しずつ重ねていくことになり、ざっくばらんに話したり、頼ったり頼られたりする心地いい関係をつくるのです。

反対に、会話のない関係は、空気が澱んでいるように感じられ、脆《もろ》いものです。家族や職場など身近な関係ほど、このひと言の〝風通し〟を大事にしてください。

短い言葉を積み重ねることは、心地いい〝居場所〟をつくることになります

13
会話のなかに相手の名前をちりばめる

なぜか好かれる人が意識してやっている習慣で、もっともわかりやすいのが、相手の名前をすぐに覚えて、会話のなかにちりばめることです。

何年も通っているジムで、ずっと顔を合わせているのに名前を呼ばずに会話をするスタッフと、新人スタッフだけれど「アリカワさん、今日はヨガのプログラムがありますよ」「アリカワさんのシューズ、かっこいいですね」などと名前を呼んでくれるスタッフがいると、やはり後者のほうが好印象で、距離感が近くなるものです。

名前というのは、人生のなかでいちばん耳にして心地よく響く言葉で、その人の大切なアイデンティティ。繰り返し名前で呼ばれると、大勢のなかの一人ではなく、一人の人間として向き合ってくれていると嬉しく感じるもの。こちらも相手の名前も覚えて呼ぼうとするし、会話も増えていくのです。

「よし。名前を呼ぼう」と気負わずに、会話のなかでさりげなく「○○さんはどう思いますか」「△△さん、ちょっと質問してもいいですか」「この分野は、□□さんが詳しいですよね」などと名前をちりばめましょう。名前がなくても会話は成立しますが、名前があるのとないのとでは、相手の対応もまったく変わってくるはずです。

初対面であれば、名刺をもらったり、自己紹介したりしたときに、「素敵なお名前ですね。初めてこの漢字の方に出会いました」などと少し名前に触れた直後から、会話に名前を入れていくと、スムーズ。声に出すことで、記憶にも定着していきます。

さらに、つぎに会ったときに「○○さん、ご無沙汰しています」などとすぐに名前が出てくると、「覚えていてくれたんだ」と、より好感度は上がるでしょう。連想ゲームのように、名前となにかを関連づけておくのも、忘れないコツです。一度聞いたら、積極的に名前で呼んでくれる人は、いつも心が開いているので、好かれるのです。

相手の名前を大切にすることは、その人自身を大切にすることです

14

自分のことを話しながら共通点を探る

私たちは、自分と似ている人、共通点のある人に親近感をもち、話もしやすくなります。年齢、出身地、趣味、仕事、好きな食べ物、やってみたい習い事、旅してみたい場所など、なんでもいいのです。人間同士であれば、共通点はいくらでもあります。「この人と話すと楽しい」と思われる人は、「私は熊本出身なんですけど、○○さんはどちらですか?」なんて、自分のことも話しながら、相手との〝共通点〟を探ります。「長崎市出身? 同じ九州じゃないですか」など、多少強引でもいいのです。そこから親しみが生まれ、「長崎といえば……」など話が膨らみます。

私はコミュニケーションのセミナーを開くとき、知らない参加者同士でペアになってもらい、「5分間でできるだけレアな(珍しい)共通点を見つける」というワークをやっていました。すると、「年代、出身高校は別だが、部活動が同じで、監督が同じ先生」「同じミュージシャンが好きで、同じ日のコンサートに行っていた」など、ものすごくレアな共通点が見つかるもの。すっかり盛り上がって、意気投合したペアは、セミナー後に連絡先を交換したり、お茶したりしていました。

共通点があるということは、それに紐づく情報を多くもっていて、話題に事欠かない。「そうそう！」と共感することもたくさんあるわけです。そして、「この人と話すと楽しい」と思うと、ほかの話もしやすくなります。

一見、年齢や職種、立場などが違う相手でも、「登山が趣味」「同じ YouTube 番組を見ている」「サッカー観戦が好き」「家庭菜園をやっている」など、好きなものが同じだと、一気に仲良くなれるものです。

「どうせ話しても噛み合わない」と思うのは、共通点探しを放棄した証拠。どんな相手でも「なにかの共通点はあるはず」という気持ちは、忘れずにもっていてください。

自分が思っている以上に、共通点はたくさん隠れているものです

15

あいづちよりも、表情ゆたかな〝感情&感想リアクション〟

「この人と一緒に話すと楽しい」と思う人は、話しやすいようにリアクション（反応）をしてくれる人です。

同じ話をしていても、リアクション次第で、話しやすさや楽しさは、まったく変わってくるもの。こちらが「先週末、海でキャンプしてきたんですよ」と楽しいことを話していても、無表情で「あ、そう」「ふーん」とそっけないリアクションをされると、「ちゃんと聞いてる？」「興味がないの？」と不安になり、話しづらくなってきます。

また、「海でキャンプしてきたんですか〜」といった〝オウム返し〟がいいと信じて、ひたすらオウムのように相手の言葉を繰り返している人もいますが、それだけでは、その人がどんなふうに受け止めているか、気持ちが見えてこない。機械のようにオウム返しを繰り返していると、「馬鹿にしてません？」と感じることさえあります。

〝バリエーションのあるあいづち〟がいいと信じて、「そうなんですね」「そうなんですか」「それから？」「それは素敵ですね」と、リアクションの言葉を変えてくる人もいますが、これも言葉に気持ちが乗っていないと、盛り上がらないのです。

話していていちばん楽しいのは、こちらの話に対して、「え？　ほんとうですか！」と目を丸くして驚いたり、「楽しそう〜」「私も海に行きたいなあ」「キャンプって、非日常が味わえそうですよね」と感情たっぷりのリアクションで、自分の感想を伝えてくれる人です。

「はい！」「わかります！」「うんうん！」といった短いリアクションでも表情ゆたかで言葉が弾んでいたり、「面白いなあ」「それ、すごく嬉しい」「ワクワクしますね」と、どんな感情かを言葉で伝えたりすると、話すほうはテンションが上がります。

「感情」と「感想」で返すことを意識すると、相手の表情も生き生きしてくるはずです。

相手の気持ちが見えやすいと、
安心して話すことができます

16

本題に入る前に、数分間、他愛のない雑談をする

いつの間にか好かれている人は、意識してちょこちょこと雑談をしているものです。たとえば、ビジネスで人と会っても、挨拶のあと、いきなり本題に入るのではなく、「電車が混んでませんでした？」「いきなり雨がきましたね」「最近はお忙しかったでしょう？」なんて、数分間、他愛もない話をします。

数分間の雑談で肩の力が抜けて、その場の空気がほぐれたり、相手の状況を知ったりする効果もありますが、互いに親近感をもって気持ちを伝えやすくなるのです。

「余計な話はいいから、すぐに本題に」という人もいますが、それでは失礼。「あなた個人には興味がなく、早く用件を終わらせたい」とも感じられます。

オンライン会議でも、冒頭で数分、雑談をする会議と、すぐに本題に入る会議では、雑談をしたほうが会議の時間が短くなったという研究結果もあるとか。雑談をすることで打ち解けて、アイデアが活発に出たり、決定もしやすくなったりするのです。

本題があるときの雑談は、打ち解けて話しやすくするためのものです

雑談をしないのは「なにを話していいかわからないから」という理由もあります。

しかし、特別なことを話題にする必要はありません。むしろ、身のまわりのネタのほうが共感を生むもの。鉄板は「急に寒くなりましたよね」といった季節や気候、「この椅子、おしゃれですね」「お茶が美味しいです」「〇〇さんのネックレスが素敵です」など、その場で見たもの、感じたことを口にするのも自然な流れです。

電話やメールも急用でなければ、挨拶のあと、すぐに本題でなく、電話なら「最近、どうされていました？」、メールなら「紅葉の季節、公園の散歩が楽しい今日このごろです」などひと言あると、あたたかさが感じられて、気持ちが和みます。

雑談をすることは、心を開くこと。自分からざっくばらんに他愛のない話をすることで、ふっと相手の懐に入り、すっと打ち解けることができるのです。

17

「中学生でも理解できる言葉」で話す

パソコンショップで操作方法について教えてもらうとき、銀行で投資信託について説明されるときなど、横文字や、難しい専門用語が出てくるとついていけず、聞く気力がなくなります。営業マニュアルに忠実に話をしているのかもしれませんが。

人は、わからない言葉がひとつ出てくるだけでストレスを感じ、話の全体像がわからなくなるのです。いえ、説明が上手いかどうか以前に、自分の言いたいことを一方的に押し切って、相手の気持ちを思いやれない態度に対して不信感、嫌悪感をもったり、心の距離を感じたりして、話を聞きたくなくなるのです。

普段、同じ年代、同じ業界、同じ会社内などで、あたりまえに使っている言葉でも、そこから離れると、自分が思っている以上に〝わからない言葉〟は多いのです。

高齢者の多い集まりで、60代の男性が「リスケしましょうね」と言ったことがありました。となりにいた高齢女性が「あの人、格好つけて横文字を使いたがるのね。リスケってなによ」とブツブツ。おそらく多くの人がわかっていなかったでしょう。

無意識に言ったとしても、聞く人のぽかんとした表情に気づいて、「改めて予定を立て直しましょうってことです」と言い換えると、好感度を上げたかもしれません。

好かれる人は「伝えること」ではなく、「伝わること」が肝心と思っているので、中学生でもわかる言葉で話そうとします。難しい説明も、噛み砕いてやさしい表現にしたり、わかりやすい例え話を使ったり、具体的な例をもちだしたり。そんな人は「この人は、同じ目線で話してくれる」と信頼を得るはずです。

パソコンショップで「ストレージは例えるなら本棚で、大きいほうが情報の本をたくさん保管できるんです」と説明しているスタッフがいました。難しい話でも、「だれでもわかる言葉」で話してくれる人との会話は心地よく、気軽に質問もできるのです。

説明の「上手下手」以前に、〝相手の目線〟で話すことが大事です

18

「でも」ではなく、〝肯定〟の言葉から話し始める

おしゃべりをしていて、「でもさあ」「ていうか」「とはいえ」「いや、そうじゃなくて」「逆に」と、逆説の言葉で話し始める人がいます。

多くは、なにげなく言っている口癖で、逆の主張を展開するわけではなく、「それで」「ところで」「一方で」といったつなぎの意味で使っているものです。「でも、そういうこともありますよ」など、「でも」が単に「ここから私が話します」という区切りになっていることもあります。悪気はまったくないのです。

しかし、「でも」「ていうか」などが話の冒頭にくることが続くと、言われているほうは、いつも話を否定されているようで、だんだん不快になってくるもの。話を強引に横取りされたとさえ、感じることもあります。

なぜか好かれる人は、意識して相手を否定する言葉は使わず、まず〝肯定〟の言葉から話し始めます。

「なにが正しいか」より「なにが楽しいか」を考えると、会話はスムーズ

「そうそう、そういうことありますよ」「それ、すごくわかります」「たしかに、そうですね」と肯定して理解を示すと、相手は安心して話せます。

「この人は自分を否定することはないだろう」という信頼が、心地よさになるのです。

反対意見のときでも、「なるほど、そういう考え方もありますね」「そっかー。その視点はなかったな」など賛成はしなくても、ひとまず理解を示すと、こちらの話もちゃんと聞こうとする態勢になり、建設的な議論もできるのです。

仲のいい夫婦や友人同士も観察してみると、「わかる、わかる」「私もそう思う」「それはそうだよね」と、相手に寄り添う言葉を多く使っています。

だれだって、肯定されたいと思っています。「この人なら、否定せずに受け止めてくれる」という印象があれば、話しやすく、好かれるはずです。

19

「話すのはここまで」の線引きをする

職場でもご近所でも、なんでもオープンに話したほうが仲良くなれると、つい余計なことまでぺらぺらと話してしまい、「やっぱり、あれは言わないほうがよかったな」と後悔することはないでしょうか。

その感覚は危機感を察知するセンサーのようなもの。過去の黒歴史や、家族や恋人のこと、経済的なこと、政治や宗教のこと、副業をしていることなど、プライベートな情報を提供してしまったために、関係がギクシャクすることもあります。

ある友人はアルバイト先で先輩に「どこに住んでいるの?」と聞かれて、マンション名まで教えてしまい、激しく後悔することに。「○○さんはお金持ちで、私たちと住む世界が違うのね」と嫌味を言われたり、「同じ方向だから一緒に帰りましょう」とついてこられたり。友人は職場の居心地が悪くなって、辞めてしまったとか。

話す言葉は、メールやSNSのようには残らないので、つい油断してポロリと口に出してしまいがち。ですが、一度、出した言葉は引っ込められず、実際はメールなどより相手の心に深く残ったり、ほかの人の口を通して拡散されていったりします。

日常的に顔を合わす相手ほど「話すのはここまで」の線引きをする必要があるのです。「これは話していいのかな？」と、一瞬思ったら、ストップするのが賢明。〝ここだけの話〟やプライベートの詮索もしないほうが得策。「この人、口が軽いなあ」「気をつけないと、自分もネタにされそう」と思われると、信頼を大きく損ないます。

わからない部分があっても、別の部分でつながっていれば、その人を好きになります。聞きすぎず話しすぎずのほどよい距離感が心地よく、あたたかい関係を生みます。

いきなりプライベートなことを語るのではなく、関係を築きながら「この人になら、この話はしてもいいかな」と、丁寧に伝えていきたいものです。

話したくないことは、ふんわりぼかしても、相手はさほど気にしていません

20

「～するべき」を「～したい」に変換する

30代のころ、プライベートで出会った女性に「仕事って、辛くても続けるべきですよね」と漏らしたところ、「あなたはどうしたいの？　したいことならするし、したくないことなら、しないでいいんじゃない？」と返されて、ハッとしたことがありました。それまで「仕事は辛くてあたりまえ。続けるべき」などとアドバイスしてくれる人はいたけれど、「どうしたいの？」と聞いてくる人はいなかったからです。

自分の考えや世間の常識を押しつけるのではなく、相手が「なにを望んでいるのか」に目を向けて、引き出してくれる人というのは、一緒にいて心地いいもの。「なにを選んでもいいのよ」と尊重されて、見守ってくれているような空気感があります。

その女性は「人は人、自分は自分」で、マイペースに好きなことをやっている人でした。自分でも「すべきこと」ではなく、「したいこと」を大事にしているから、人にも押しつけない。だから、一緒にいて心地よかったのでしょう。

一方で、「ルールを守るのは常識」「前向きでなければ」「結婚はするべき」「親としてこうあるべき」など、〝べき〟や〝常識〟を自分にも他人にも押しつける人と一緒にいるのは心地よくない。自分と違う価値観を認めない窮屈さを感じます。

日頃「〜するべき」「〜しなければ」と言いたくなるときは、「〜したい」「〜しよう」と言い換えてみるといいでしょう。「痩せなければ↓痩せてきれいになりたい」「こちらから謝るべき↓こちらから謝ろう」というように。

すると、「すべて自分で選んでやっている」と心の奥にインプットされて、気持ちが軽くなります。そんな心の余裕が、まわりの人の心地よさになるのです。また、「あなたはどうしたい？」と相手の気持ちを引き出してあげられるようになったら、好かれることはあっても、けっして嫌われたり、鬱陶しがられることはないはずです。

人生で「やるべきこと」はひとつもなく、「やってもいいこと」であふれています

21

「悪い報告」こそメールで済まさず、口頭でする

「部下がLINEで退職願を送ってくるんだけど……」と嘆いている女性上司がいました。いまや、仕事や家族の連絡も、友人間のおしゃべりも文字のメッセージが主流。職場の同じフロアにいても、パソコンの画面ごしに会話していることもあります。

たしかに、メールやSNSは手軽で、記録に残るという利便性があります。悪い報告は、気が重いから、それとなく送ってしまおうという気持ちにもなるでしょう。

しかし、文字の言葉は、声に出す言葉よりも、ずっと誤解を生みやすいのです。どんなに丁寧な言葉を選んでも、文字は一方通行。読むほうも一方的に解釈します。悪い報告だと、ひとりでネガティブな感情も背負うことになり、「こんな大事な報告もLINEなんて非常識だし、冷たすぎる」と怒りが増してくるのです。

会って直《じか》に話すのが、相手の悪感情を一掃する、いちばんの方法です。失敗やミス、うまくいかなかった報告など、部下が面と向かって誠心誠意伝えると、上司は多少、

「メール」の一部分を「電話」「会って話す」に変えるだけで好感度はアップします

不機嫌になっても、「あなたも精一杯やったのね」と情をかけるだけでなく、「自分の責任をちゃんととろうとする人だ」と好印象で、あまり悪く言う人は少ないでしょう。

大切なのは、本来の目的である問題解決を、人間関係で歪めないことです。

コミュニケーションは、「メール」より「電話」、「電話」より「会って話すこと」のほうが親近感を覚えて、相手のことを好きになります。

面談の日時や場所を決めるときや細かいニュアンスなどを伝えるときも、何度もメールでやりとりするより、直接話して擦り合わせたほうが、サクッと決まるもの。ただし、決定事項を確実に共有するために、メールで再送したほうがいいでしょう。

また、「悪い報告」だけではなく、「嬉しい報告」も自分の口で伝え、喜びを分かち合いたいものです。

22

自分の「失敗談」を笑いに変える

「この人は性別関係なく、モテるだろうなあ」と感じるのは、自分の失敗を笑い飛ばしてしまう人です。単純に〝笑い〟や〝ユーモア〟がある人は、好かれるのです。

「電車で出勤して朝礼が終わるまで、ズボンのファスナーが全開していました」とか「資材の発注ミスをしてしまい、海外逃亡を考えましたよ」とか、まるでコメディ映画の一場面のように、面白おかしく話せる人は、自分のことを客観的に見られている証拠。明るく柔軟な想像力や、たくましさを感じます。

一方で、「私はちゃんとやっています」と正当化して隠そうとしたり、「こんな初歩的なミスをするなんて」と自分を責めて落ち込んだりと、いつまでも負の感情に引きずられている人は、一緒にいて疲れるもの。どう声をかけていいかも苦慮します。

ある友人は、ロマンス詐欺に遭って大金を失ったとき、「最後の最後まで1ミリも疑わなかったんだから、大どんでん返しのドラマみたいだったわ」と大笑いしていました。私は詐欺に遭った友人のことが、ますます好きになったのです。

「笑い」というのは、感情のリセットの役割もします。失敗して人に迷惑をかけた時点ではヘラヘラ笑うことはできませんが、それ以外では「やっちゃった」「バカ、バカ！」と笑ってしまったほうが、すぐに立ち直れます。人の失敗に対しても「どんまい」と笑い飛ばす職場や家庭、チームは、間違いなく仲がいいはずです。

失敗談だけでなく、親父ギャグを言ったり、「面白いことがあってね」とシェアしたり、理不尽なことに怒りつつも「逆に、笑える」とユーモアを交える人は、一緒にいて楽しいもの。「人を笑わせてやろう」と気負うのではなく、日常のささいなことにも面白みを感じて、「笑って過ごそう」としているので、肩の力が抜けて心地いいのです。笑いがある人は、どんな弱点があっても、理屈抜きにモテるのです。

「ユーモアの力」は、
幸せになる力であり、生きる力です

23

予想外のアクシデントには、「この程度で済んでよかった」と考える

尊敬する友人数人に「事故や災難に遭ったら、まずなにを考える？」と聞いたとき、同じ答えが返ってきて、びっくりしたことがありました。その答えとは「この程度で済んで、よかった」。

もちろん、最初の一瞬は「どうしよう」「たいへんなことになった」などと混乱します。が、「まあ、この程度でよかった」と、意識してもっと最悪なことがあると考えると、だんだん気が楽になって、冷静に対処できるのです。

私も海外の空港で、ロストバゲージに遭ったとき、一緒にいた友人の「まあ、紛失で済んでよかった。パスポートとキャッシュカードは持っているから旅はできる」という言葉にどれだけ救われたことか。そんな前向きな人と一緒にいると心強いもの。

道中、その友人がスリに遭ってパスポートと財布を盗まれたときも、私たちは、すぐに「まあ、盗難だけで済んでよかったわ。命はとられていないから、なんとかなる！」

と笑い飛ばして、冷静に後処理をし、楽しく旅を続けたのでした。

なにかトラブルがあったとき、心のなかで「この程度で済んでよかった」と考える癖は、自分に〝ないもの〟ではなく、〝あるもの〟に目を向けさせてくれます。

「病気になったけど、生きる喜びや、人のやさしさに気づいた」など、たいへんな状況のなかから、「よかったこと」「ありがたいこと」を見つけようとします。

「なんて自分は不幸なのだろうか」と嘆くよりも、「最悪なことにならず、むしろラッキーだったのでは」と捉え直したほうが、心を保って前に進めるはずです。

無理に「ポジティブになろう」というのではありません。「この程度でよかった」と考えるのは、深刻に考えすぎて、自分で自分を奈落の底に突き落とさないための一策。そして、明るい方向に進もうとする人に、応援する人も、幸運も集まるのです。


「よかった」のか「よくなかった」のか、それを決めるのは自分自身です

24

励ましたいときは「がんばって」より「楽しんで」

うつになった人への禁句は、「がんばって」だといいます。がんばりすぎた末に心を病んでいるのに「がんばって」と言われると、心の負担になって、しんどいのです。

ほとんどの人は、それぞれの世界で、すでにがんばっている。がんばらないといけないことは、言われなくてもわかっている。そんな人たちに「仕事ガンバレ」「婚活がんばって」「ダイエット、がんばってね」と拍車をかけるのは、期待をさらに押しつけているようで、少し違和感があるのです。

だから私は「がんばって」となる場面でも、あえて「楽しんで」と声をかけます。

「がんばって」は、なにかの結果を出すために、辛くても我慢してやりぬくこと。

「楽しんで」は、結果だけではなく、プロセスの一瞬一瞬を夢中になって楽しみ、自然に力がわいてくること。どんなにしんどいことでも、楽しめる要素はあるもの。

それに、がんばった人より、楽しんだ人のほうが、幸せそうではありませんか。

営業の仕事をしていたとき、女性上司が「がんばるより、仕事を楽しんで。そのほうが、うまくいくから」と言ってくれたことがありました。それまで営業成績ばかりを気にしていたのに、その言葉で気が楽になって、仕事が面白くなってきたのです。

また、「留学をするか、仕事に専念するか」と迷っていたときに、「迷うことを楽しんで！」と言ってくれた友人のことも、忘れられません。「迷うって幸せなことよ。欲しいものが二つもあるんだから」という言葉に、救われたような気がしたのです。

結果が出たあとの「がんばったね」、いまの「がんばってるね」は相手を讃えることになります。でも、これからすることに対して励ましたいときは「がんばって」よりも、「楽しんで」「リラックスして」「応援しているよ」「あなたなら大丈夫」など、相手の気持ちを楽にしてあげられる言葉をかけてはいかがでしょう。

自分にも「がんばれ」より「楽しもう」と声をかけたほうが、自然にがんばれます

Chapter 3

「自分を大切にする人」は好かれる

25

「ほんとうのところ、どうしたいの？」と自分に問い続ける

人あたりがよく、人のために尽くしているのに、なぜか人望がない人がいます。反対に、言いたいことを言い、やりたいことをやっているのに、「なぜか好かれる人」もいます。なにが違うのでしょうか？

それは、自分を大切にしていないから。自分を抑えて人に合わせる癖がある人は、気づかぬうちに我慢、不満、恨みなど負の感情が溜まっていく。本音を見せないので人と打ち解けられず、感情が爆発する危険性も秘めています。そんな人は〝自分がない人〟として軽んじられるし、寄りかかってくる姿勢に鬱陶しがられることもあり。対して、言いたいことを言っても好かれる人は、我慢も恨みもありません。

自分の気持ちを大事にしているから、相手の気持ちも尊重します。心を開いてわかり合おうとするし、ほんとうの意味で愛のある目を向けるから、好かれるわけです。

しかしながら、これまで自分を出してこなかった人が、自分の気持ちを伝えるのは

むずかしいもの。なぜ〝自己表現〟ができないかというと、理由は二つ。

①そもそも、自分の気持ちがわからない　②適切な意思表示の方法がわからない

まず、①のように、相手やまわりの空気に合わせているうちに、「自分がどうしたいのか」がわからなくなっている可能性があります。

そんな人へのおすすめ習慣は、「ほんとうのところ、どうしたいの？」と問い続けること。とくに日常生活でモヤモヤしたり、人間関係のストレスを感じているときは、心の声に耳を澄ませて。自分の本音がわかると、それに合った選択をするし、たとえ「ここは相手に合わせよう」という選択をしても、自分の気持ちをわかって主体的に選ぶのと、仕方なく選ぶのでは、心の負担がまるで違います。

自分を大切にできないと、人から大切にされることもないのです。

「自分がなにをしたいか」知っていることは、生きる上で、もっとも大切なことです

26

意見を言うときは、「私」を主語にして伝える

自分の気持ちを表明できない人には、①そもそも自分の気持ちがわからない人と、②自分の気持ちはわかっていても適切に伝えられない人がいます。

①については、前項で解決策をお伝えしたので、ここでは、②の自分の気持ちを伝えられる方法について考えてみましょう。

言いたいことを言うのを躊躇《ためら》うのは、相手に嫌な思いをさせたり、関係がギクシャクしたりするのを恐れているからです。が、言いにくいことは、大抵、大事なこと。

たとえば、「いまの仕事のやり方は非効率だから、変えたほうがいい」と思っていても、これまでやってきたことを否定しているようで、言い出しにくいものです。

そんなときは「私は、新しい方法を試してみる価値はあると思うのですが、いかがでしょう?」と、「私」を主語にした一個人の意見として〝I・メッセージ〟で伝えるのです。異なる意見を伝えようとすると、つい「この方法は無駄が多いですよ」「い

まの時代、普通は○○に移行してます」「著名人の○○さんも、こう言っていました」など主語が曖昧で、なにかを否定したり、対立や攻撃を生む言い方になりがち。

あくまでも個人的な意見として「私はこう思う」「私はこれが好き」「私はこうしたい」など、「私」がどう感じるかを伝える。イメージとしては、意見を戦わせる場ではなく、みんなでよりよい答えを導くための合議制の場で、意見を述べる感覚です。

家族や恋人にも「あなたって、どうしてそうなの!?」という「あなた」を主語にしたひと言で、「そういうお前だって……」と相手のスイッチが入り、ケンカになるのはよくある話。「私は悲しかった」「私は○○してほしい」など「私」を主語にした建設的な言い方を心がけたいもの。たとえ自分の意見が却下されたとしても、それはしょうがない。「自分の意見を伝えた」という姿勢と行動を喜び、誇りをもちましょう。

"I・メッセージ"で伝えると、建設的な話し合いができます

27

自分のご機嫌をとる手段を、いくつかもっている

「なぜか好かれる人」の筆頭として思い浮かぶのは、いつも機嫌がいい人です。

機嫌がいい人とは、いつも明るく穏やかな微笑みを讃えていて、心が安定しているもの。そんな人と一緒にいると、安心できて、こちらまで楽しい気分になってきます。

逆に、いつも不機嫌な人と一緒にいると、こちらまで感情が乱れてくるもの。なかには、自分の思い通りにならないから拗《す》ねて、イライラ、プンプンしている幼い人もいますが、不機嫌をばら撒くのは罪。なにより、自分自身が不安や怒りなど、負の感情に引きずられて、しんどい思いをしているはずです。

いつも機嫌がいい人は、自分で自分のご機嫌をとるのが上手いのです。

自分がちょっと幸せになれるもの、夢中になれるもの、癒やされるもの、ワクワクするものなどをいくつかもっていて、日常的に気分転換を図ります。

生きていれば、だれでも「今日はテンション低め」「忙しくて、イライラしがち」「結

構、落ち込んだ」などという日はあります。いつもご機嫌な人は、心の状態が悪化しないよう予防したり、重症化する前にいち早く気づいて、ケアをしています。

たとえば、「仕事でモヤモヤしたら、屋上に行って空を見上げる」など、場所を変える、自然に触れる、大きな空間に浸るのは、気分を変えるのに最適です。

がんばった自分へのご褒美に、お気に入りのデザートを食べる。サウナに行く。カラオケで歌う。おしゃべりをする。映画を観るなど、ご機嫌になれることなら、なんでもいいのです。ただし、お酒やギャンブルなど、自己嫌悪になるものは避けて。

信頼される第一歩は、〝ご機嫌力〟を高めること。一日のなかに「ちょっと気分がよくなること」をちりばめて、できるだけ多くの幸せを、味わい尽くしましょう。

心が満ちた多幸感は、愛ややさしさになって、あふれ出していくのです。

ご機嫌さは性格の問題ではなく、ご機嫌であろうとする意志と知性の問題です

28

些細なことでも、自分をほめる

あなたは自分で自分をほめることがありますか。

おそらく、「いつもほめている」という人は稀で、多くは「自分を責めることはあっても、ほめることはない」のではないでしょうか。

私もかつてはそうだったのですが、自分をほめる習慣ができてから、人生が楽しくなったといっても過言ではありません。自分のことがだんだん好きになって、自信をもって振る舞えるようになる。そして、自分にも他人にもやさしくなれるのです。

「自画自賛なんて恥ずかしい」と思わないでください。だれも見ていないのですから。

世の偉人やスポーツ選手、芸術家など活躍した人に共通するのは、自己肯定感の高さ。欠点があっても、それ以上に心のなかで「ここは自分の強み」「私ってすごいじゃないか」「私ならできる」「私ほど幸運な人はいない」などとほめていたはずです。

自分のほめ方は自由。いつでも、どこでも、ふとしたときに。結果が出たときに「よくやった」とほめるのもいいけれど、その途中で「いまのよかった。私って天才！」「こんなにがんばってる私は偉い」など何度でもほめて。朝、鏡を見て「いい顔になってきた」「この笑い皺《じわ》がいい」「最高の自分になれる」、お風呂で体を撫でて「ほんと、よく機能してる。えらい！」、寝る前に布団のなかで「今日もいい一日だった。ありがとう、私」などルーティン化すると、さらに効果大。自分のことは、自分がいちばん近くで見ているのですから、ほめることはいくらだってあるのです。

1週間ほど些細なこともほめてみると、不思議と他人のこともほめたくなってきます。小さな長所に気づいて「それ、すごいね」「よくがんばっているね」と口に出しているうちに、人の欠点も気にならなくなって、コミュニケーションもスムーズに。〝自分ほめ〟を習慣にすると、人からも認められ、好かれることにつながるのです。

自分をまるごと認めることで、本当の意味で、他人を認めることができます

29

人の嫌な発言は「受け流す」

かつてノンフィクション作家の秘書として働いたことがありました。高齢の作家は気分家で、イライラすると当たり散らし、「使えないヤツだ」などと人格否定をしてくることもしばしば。で、こちらも落ち込んだり逆ギレしたりで、戦闘モードの日々。ところが、もう一人の秘書はいつも「どこ吹く風」で涼しい顔をしている。それどころか「今日は先生のおごりでランチに行きましょう」と友好モード。ときには「そのひと言はいらないと思いますよ。傷つきます」とピシャリ。大人の対応をしていたので作家も彼女を信頼し、「ごめん。言いすぎたね」と素直に謝ることもありました。

その秘書がよく言ったのは「先生がイライラしているのは、私たちの問題ではなく、先生自身の問題。だから、まともに受け取らなくていい。受け流すの。人に八つ当たりしてばかりだったから、家族も前の仕事仲間も離れちゃって、かわいそうな人よね」。

それから私も「そうだ。相手の感情は相手の問題だから、受け流せばいい」と考える習慣をもつようになりました。すると、他人のイライラや妬《ねた》みなど負の感情から自分を守ることができて、ぶつかることが劇的に減ったのです。

生活していれば、〝当たり事故〟のように、嫌な言葉で攻撃されることがあります。SNSのコメントやメールの文面で、嫌な気分になることも。「なんかモヤモヤするなぁ」と感じたときは、相手の感情を受け取ってしまっているのかもしれません。受け流しましょう。無視するのではなく、「はいはい」と合わせるのでもなく、「相手の感情は相手の問題。だからいらない」と仕分けして、スルーするのです。

感情的な叱責、注意のなかに大事なことが含まれていることもあるので、自分に必要な部分だけ受け取って、あとはスルー。相手の感情が相手の問題であるように、自分の感情は自分の問題。私たちは、自分の心を守っていく責任があるのです。

「怒っている人＝困っている人」と考えると、
対処の仕方も変わってきます

30

全否定せずに「NO」を伝える

「NOを言うのが苦手」という人は多いものです。仕事を頼まれたとき、飲み会に誘われたとき、相手の言動が不快だと感じたときなど、「嫌だと言いたいけれど、言えない」と、仕方なく、相手に合わせることになってしまいます。

しかし、これが人間関係を悪化させる分かれ目。我慢する癖がついて不満がたまり、相手のことが嫌になったり、ついチクチク棘《とげ》のある言葉が出たりするものです。

じつは、無理をしてでも合わせてくれる人よりも、明るく、正直に「NO」を伝えてくれる人のほうが、わかりやすく、つき合いやすい。相手も「NOを言っていいんだ」と感じて、リラックスできる。気を使わず、正直に伝え合う関係は、頼ったり、誘ったりしやすく、自然に続いていくのです。

ただし、断ってもいいけれど、大事なのは断り方。断って嫌われることはありませんが、大抵は、断り方で嫌われてしまう。多くの場合、自分のことばかりで、相手を

結局のところ、無理のない人間関係だけが残っていきます

思いやる余裕がなく、「無理です」「ぜったいダメ」「嫌なんだけど」と〝全拒否〟した言い方になってしまうのです。

なぜか好かれる人というのは、全部を拒否するのではなく、思いやりの言葉で肯定して歩み寄ろうとします。「仕事たいへんだね。全部は手伝えないけど、この部分なら……」「煙草はここじゃなくて、あそこで吸ってね」「飲み会、今週はムリだけど、また誘って」というように、できることを提案したり、代替案を出したり、次につながるひと言を加えるなど、「YES」の部分も伝えるのです。

「声かけてくれてありがとう」「せっかくなのに、ごめんね」「困ったときは、また言って」など気遣うひと言があれば、悪いようにはならないはず。上手に「NO」を伝える習慣を身につけて、正直でいられる関係を目指しましょう。

31

「60点」でよしとする

友人で「ものすごく抜けているのに、なぜか好かれる」という人がいます。彼女は「ホームパーティしよう」と人を招集するけれど、肝心な食材を買っていなかったり、掃除が適当だったり、ピアノを披露するけど半分しか弾けなかったり。それでも「ま、いいよねー」という明るく大らかな雰囲気があるから、一緒にいて心地いいのです。

自分の不完全さを許せる人は、完ぺきさよりも、楽しさを優先しているもの。こちらの不完全さも「いいよ、いいよー」と許してくれそうです。

「ちゃんとしなきゃ」と仕事も家事も完ぺきにやろうとする人は、すごいと思うものの、人にも完ぺきさを求めているようで、なんとなく肩が凝ってしまうのです。

仕事でも、部下の失敗を激しく責めたり、人に任せられない上司は、完ぺき主義の人が多いもの。そのため、敵をつくりやすく、大抵は嫌われてしまいます。

やったことの結果が期待の6割程度だったとき、「全然ダメ」と考えるか、「6割もできればよし」とするかによって、気持ちの明るさはまるで違います。6割をよしとする人は、ネガティブな気持ちを引きずらないので「つぎはもっとよくなる」と何度でも挑戦するし、細かいところに足をとられて大局を見失うこともありません。

私は6割どころか、「少しでも行動した」というだけで、よしとすることにしています。もちろん、自分の期待に応えようとするけれど、結果がうまくいってもいかなくても、「これはこれでよし」とつぶやくのです。すると、どんな自分も受け入れる心の余裕が生まれ、人にやさしくなれたり、現実的な対策を立てたりしていけます。

「まだ足りない」という渇望は、成長するエネルギーになりますが、基本は「じゅうぶん足りている」と考えて、ゆるく生きたほうが幸せ。自分に必要でもないプレッシャーを与えなくてもいいではありませんか。

「完ぺきでないと愛されない」のではなく、「不完全だから愛される」のです

32

ダメ元で、どんどん人に頼る

「これ、やってもらえる？」「あれを手伝ってもらえれば、助かるんだけど……」と、なにかと人に頼っている人は、なぜか人気者であることが多いものです。

大抵の場合、人は頼られると、「信頼されているのだ」と感じて嬉しいもの。自分ができることで協力したいと思うし、感謝されるとさらに嬉しくなります。

人は相手のためにと動いていると、最初は軽い気持ちでも、だんだん無意識のなかに「それだけ大事な相手なのだ」とインプットされて、気持ちが後追いしてきます。ホストやホステスさんにお願いされて、店に通ったりボトルを入れたりしているうちに、「ナンバーワンにしてあげよう」と情がわく感覚も、この心理が働いています。

ただ、「ものを頼むと迷惑がられる」と人を頼れず孤立してしまう人、反対に、いつも頼ってばかりで嫌われる人がいるのも事実。なにが違うかというと、頼っても好かれる人は、頼り方がほんとうに上手いのです。

ほんとうの自立とは、頼るものをたくさんもつことです

農村に女性一人で移住した友人は、まさに〝甘え上手〟。地域の高齢者たちに、わからないことはなんでも教えてもらい、畑づくりも手伝ってもらううちに、自発的に手作りのお惣菜を届けてくれる人、草を刈ってくれる人なども現れたとか。

彼女の頼り方のいちばんの特徴は、まずはダメ元で軽く声をかけているということ。断られても、がっかりしない。相手の気持ちを尊重して「OK！　じゃあ、また」と、あっさり引き下がります。また、相手ができそうなことを見極めて、小分けにして頼ることもポイント。やってもらったら「ありがとう！　さすが○○さん」と大喜びして感謝すること、自分ができることは積極的に相手の力になることも大事。友人は、だれもなりたがらない自治会の副会長を引き受けて活躍しています。頼ったり頼られたりで、自分の居場所もできていくのです。

33

感情的になったら、いったん「その場を離れる」

人間、だれだって感情的になることはあるもの。とくに職場など普段から意見を言い合っている関係や、家族や恋人など甘えが許される関係など、つい感情的な物言いになってしまう。売り言葉に買い言葉でケンカしたり、瞬間湯沸かし器のようにカーッと血がのぼって、感情の制御が効かなくなり、うっかり暴言を吐いてしまうことも。

昨今はストレスがたまっているのか、お店のスタッフやタクシーの運転手さんに怒ったり、ＳＮＳに憎しみに満ちたコメントを投稿したりする人も見受けられます。

しかし、まわりに「あの人は感情の制御ができない」「子どもっぽい人だ」などと思われたら損。そのイメージを払拭するのは難しく、自然に人が離れていくでしょう。

反対に、人から好かれ、自然に人が集まってくるのは、少しくらい嫌な目に遭ってもジタバタせず、穏やかに対応できる人です。そんな人が上司であれば安心して相談できるし、会話も弾むもの。配偶者や恋人であれば、意見の相違があっても、納得いくまで前向きに話し合って、折り合いをつけていけるでしょう。

瞬間的な怒りというのは長くは続かないので、イラッとしたら、いったん「その場を離れる」習慣をおすすめします。深呼吸してお茶でも飲んでいれば、気持ちも落ち着いてきます。言いたいことがあるなら、冷静になってから大人の対応を。

ある友人は、自宅介護をしている認知症の母が、床に朝食をぶちまけたとき、それまでのうっ憤が一気にあふれ出て「お母さん、長生きしすぎ！」と暴言を吐いてしまったとか。すぐに後悔して、出勤前に玄関で「ごめんなさい」、母も「いってらっしゃい」とにっこり笑って見送り……。それが母娘の最後の会話になったといいます。

自分の発する感情的な言葉に、相手だけでなく、知らず知らず自分自身も傷ついています。万が一、つい口から出てきてしまったら、その場で謝ることも忘れずに。


穏やかでいることは、相手だけでなく、自分自身を守るのです

34

迷ったら「自分のことが好き」と思える選択をする

「自分のことが好き」という人と、「自分のことは到底、好きにはなれない」という人がいるでしょう。かつて私は後者で、外見も内面も大嫌い。好きになれる要素はないと感じていました。自分磨きをして自分を変えようとしたり、みんなが認めてくれるよう立派な肩書きを得ようとしましたが、空回りするばかりでうまくいかず……。

しかし、いま「かなり好き」と言えるようになったのは、迷ったときは「自分のことが好きになれる選択をしよう」と心がけてきたからです。

たとえば仕事を選ぶとき、「年収が高い仕事」「安定した大企業」「ニーズのある職種」など人から見てどうかではなく、「自分のことが好きになれる仕事」を選びます。生き生きとして夢中になれる自分、成長できる自分、人に喜ばれる自分など、「こんな自分っていいな」と思える仕事であれば、間違いはないのです。

「好きな仕事」というのは案外わからないものですが、「自分のことを好きになれる仕事」というのは、それをやっているときに胸に手を当ててみると、心も体も魂も喜んでいる感覚があります。「どこに住むか？」「だれとつき合うか？」「どんな服を着るか？」も、そんな心と体に正直な選択していくと、自分にしっくりくるものが見つかりやすい。ときには「こんな自分を目指していたけど、ちょっと違った」という勘違いもしながら、少しずつ幸福感に満ちた自分や、好きな世界を発見していきます。

「こんな自分は好き」という行動をして、「こんな自分は嫌い」という行動はしない。

たとえば日常の行動でも、電車で席を譲る自分は好き。人の不幸を祈る自分は嫌い。新しいことに挑戦する自分は好き……と選んだ行動は、自分を幸せに導いてくれます。

自分を幸せにして、自分を好きになると、自然に人からも好かれ、応援されます。

迷ったら、「どっちの自分が好きか？」と問い続けてください。

人から好かれたいと思うなら、まずは自分で自分を好きになることが先決です

35

布団のなかにネガティブな感情を持ち込まない

嫌なことがあっても、気持ちの切り替えが早く、翌日には何事もなかったようにケロリとしている人がいます。そんな「忘れる力」がある人は、つき合いやすいもの。

彼らはよく「寝て忘れる」なんて言いますが、「寝ること」と「忘れること」はセットで、〝生きる根源〟だと感じるのです。

昭和の思想家・中村天風さんは、こんなことを言っています。

「寝ている間、あなた方の命を守ってくれている大宇宙は、疲れた体に蘇る力を与えてくれている。その力をうけようとする前に、眉に皺をよせて恨んだり嫉んだり、泣いたりするなんて、罰当たりなことはしないようにするんだ、今夜から」

私も布団に入るとき、「ここから先は嫌なことは一切、考えない」と決めていて、いい日も、よくないことがあった日も「今日一日ありがとう」と心でつぶやく習慣があります。仕事や人間関係で心配事があっても、寝ている間にできることはありません。「明日はきっとうまくいく」とぐっすり眠ると、翌朝、心配事はどうでもよくなっていたり、起きた瞬間、思わぬ解決のアイデアがひらめいたりするのです。

悲しみや怒り、後悔、寂しさが、寝ることで和らいだ経験はだれしもあるでしょう。「寝て忘れる」というのは、ほんとうは忘れたのではなくて、記憶が整理されて、適切な答えを導いてくれているといいます。無意識に任せておけばうまくいくのに、寝る前に「なんとかしなきゃ」と意識的に考えようとするから眠れなくなったり、ネガティブに歪められた記憶で、深刻に考えすぎたりして、こじれるわけです。

生きていれば、さまざまなストレスにさらされます。「食べる、寝る、忘れる（整理する）」がちゃんとできていることは、じつはなによりも重要で、自分を大切にすることと。それが、心の余裕をもち、人を大切にすることにもつながるのです。

ネガティブな感情を手放すと、無意識のコンピュータは最適な働きをしてくれます

36

1日1回、ひとり時間をもつ

〝ひとり〟を楽しめる人は、人と一緒の時間も楽しめるものです。

基本的に「ひとりでも大丈夫」と思っているので、無理をせずに、それぞれの人とつかず離れずの適度な距離を測ることができる。正直でいられるから、心から通じ合える人とつながり、深い信頼関係を築くこともできます。

「だれかと一緒じゃないと、つまらない」「ひとりだと、なにをしていいかわからない」という人は、知らず知らず人に依存しているもの。たとえば、無理してランチにつき合ったり、人を従わせたりしていると、逆に孤独で、心地悪くなってきます。

「今日はひとりで過ごす」という選択肢があれば、風通しもよくなるのです。

だれもが「ひとりを楽しむ力」があるのに、それができないのは「ひとりは寂しい」という思い込みから。単純にひとりの時間に慣れていないからかもしれません。

自分を取り戻すために、1日1回15分でも「ひとり時間」の習慣をもちませんか？

いつも忙しく、つねに人と接している人こそ、ひとり時間は必須。どんなに大好きな家族や友人でも、なにかの制約は受けているので、四六時中一緒にいると疲れてくるはず。ひとり時間は、なにをしてもいいし、なにを考えてもいい、心と体を解放する時間。気持ちに余裕が生まれて、人にもやさしくなれるのです。

ひとり時間は、趣味や読書、マッサージ、瞑想など、なにをするも自由ですが、おすすめしたいのは、自分の思いを書き出す〝ジャーナリング〟。メモ帳やA４用紙などの紙とペンを用意して、モヤモヤしていること、幸せなこと、感動したことなど、頭に浮かんだことをなんでも書き殴ってみてください。〝言語化〟するだけで、自分を客観視して理解できたり、課題が見えてきたりするのです。自分自身に目を向け、大切にすることは、心の安定とやさしさにつながるので、ぜひお試しを。

ひとりの時間と空間があるから、適切な心の距離を保てるのです

Chapter
4

「相手に興味と理解を示す人」は好かれる

37

どんな話も「面白がって」聞く

なぜか好かれる人は、自分から相手に興味をもって、相手のことを知ろうとします。だから、話を聞くときも、目をキラキラ輝かせて「その話、もっと詳しく教えてください」「それ、初めて知りました」などと、身を乗り出すように聞いています。

テレビのトーク番組の司会者たちは、どんな人のどんな話も、好奇心全開で聞くので、トークする人たちがとても新鮮で、魅力的に見えてくるもの。「あの俳優さん、見た目はいい加減そうだけど、意外に努力家なんだ」とか「そんな壮絶な幼少期を過ごしていたなんて……」など意外な側面を知って、興味がわいてきます。

「どんな人も面白い側面をもっている」と思って聞くと、宝探しをするような感覚で、話すこと自体が楽しくなってくるのです。話のテーマにはさほど興味がなくても、〝教養〟のひとつとして聞いたり、相手のキャラクターに興味をもって人間観察をしたり、話題に出てきたキーワードから話を展開したりして、それはそれで楽しいもの。

しかし、真面目すぎる人は、「面白がって聞く」ということができません。

自分に関係ない話では、目が泳いでいたり、「その情報は間違っている」と突っかかってきたり、「そんな話はどうでもいい」と話の腰を折ることを言ったり。〝遊び心〟がまるでなくて、興味のあることしか目を向けないので会話がつまらないのです。

「おもしろきこともなき世をおもしろく 住みなすものは心なりけり」とは、高杉晋作の句。面白くない世の中を面白いと感じるかは、自分の心のもち方次第ということ。

好奇心旺盛な人の口癖は「面白い」。興味のあること、感動したこと、意外なこと、初めてのことなど「それ、面白いなあ」とつぶやいていると、わくわくしてきます。

どんな相手にも興味をもって、そのなかに面白さを見つけようとする人は、明るく、知性があって、間違いなく人が集まってくるのです。


会話がつまらないのは、話の内容ではなく、その人自体に興味をもたないからです

38

人にレッテルを貼りそうになったら、「そうともかぎらない」とつぶやく

かつて衣料品店店長として十数人をまとめるリーダーになったものの、うまく仕事が回らずイライラしていたことがありました。そのとき上司から言われた教えは、「自分と同じように人ができると思うな。自分ができないことを人ができることもある」「人を決めつけるな。思わぬ才能を発揮することもある」という二つ。

それまで、パートやアルバイトに対して「なんでこんなこともできないのか?」「この担当を任せられる人がいない」などとイライラ。当然、それが態度に出てしまうので、スタッフといい関係を築けず、陰で悪口を言われる日々でした。

上司の言葉で、人に対して勝手に「できないヤツ」「あの人には無理」などとレッテルを貼っている自分にハタと気づき、「いや、そうともかぎらない」「あの人にも、できるんじゃないか」と思い直すようにしたのです。

それから「あなたならできるよ」などと期待を込めて言うようにしたところ、スタッ

フも劇的に成長して期待に応えてくれ、仕事も人間関係もうまくいくように。

野球の名監督の野村克也さんの名言に「先入観は罪、固定観念は悪」があります。先入観は、最初から決めつけて見ること。固定観念とは、凝り固まった考え方。初見や偏見で「この人は能力がない」「この仕事は向いていない」「あの学校だから頭が悪い」などとレッテルを貼っては、可能性を狭めてしまうのです。

「きっとあの人は〜だ」と決めつけそうになったら、「いや、そうともかぎらない」と思い直す癖をつけてください。また、「あの人の言うことはぜんぶ正しい」「世界一のリーダーだ」などとポジティブな面だけを見て、盲信するのも考えものです。

「人間とはそんなに簡単にわかるものではない」と心得ているから、相手に興味をもって相手をわかろう、理解しようとする姿勢になっていくのです。

「相手のことをよく知っている」と思うのは、大抵の場合、早とちりです

39

「相手」を会話の主役にする

人は他人の話を聞きたい欲求よりも、自分の話を聞いてもらいたい欲求が強いのです。それは「〝自分〟というテーマになにより関心があって、自分のことを話すのは楽しい」という理由もありますが、話を聞いてもらうことで「自分という人間を認めてもらえた」という深い喜びと安心感があるからです。

知らない人ばかりの集まりで心細いとき、自分の話を一方的にしてくる人がいるより、自分の話を熱心に聞いてくれる人がいるだけで、心強くなるものです。

ある友人は、孤独のなか、借金の返済に追われて絶望していたとき、ひとりの見知らぬ女性が話を聞いてくれたことで救われ、立ち直ることができたといいます。

家族や恋人、同僚など普段の人間関係でも、強いつながりを感じるのは、自分のことを認めてくれる人。心理学では、話を聞いてもらうことは、気持ちを吐き出してすっきりする〝カタルシス効果〟、仲間意識を感じる〝バディ効果〟、考えが整理される〝アウェアネス効果〟があるといいます。そんな快感を与えてくれた人には、だれもが好意を抱くのです。反対に自分のことばかり話す人は、あまり好きになれないでしょう。

だれからも愛される人は、そのことを感覚的に理解していて「相手に楽しんでもらうことで、自分も楽しくなる」というサービス精神のある会話をしています。

〝私〟という単語よりも、〝○○さん〟を会話のなかにちりばめて、相手を主役にした会話を心がけると、相手は心地よくなります。「○○さん、ジムで筋トレをしてるんですか？」「すごいなあ。○○さんって行動力ありますよね」「○○さんの目標が叶うといいですね」などと振ることで表情が和らいで、会話は盛り上がっていく。すると、こちらの話も喜んで聞こうとしてくれるのです。

〝聞き上手〟より〝話させ上手〟になって、会話を楽しみたいものです。

人は「自分のことを話す」機会が増えるほど、相手に好意をもちます

40

「相手が答えやすい質問」を会話の突破口にする

セミナーやライブなどで、偶然、となりに座った人に話しかけたいとき、私は「途中で休憩タイムってあるんですかね?」などと、小さな質問をしてみます。

すると、それが突破口になって、ちょっとした会話が生まれ、和やかな雰囲気になるのです。「ちょっとわからないですね〜」と返ってきても、「3時間だから、途中休憩がありそうですね。今回、初めての参加ですか?」というように、相手のこともするりと聞ける。そこから仲良くなって、友人に発展したことが何度もあります。

話しかけるには、相手が答えやすい質問をするのがコツ。知らない人からいきなり「どちらからお越しですか?」「何回目の参加ですか?」など個人情報を質問されると、警戒するもの。「お手洗いの場所、知っています?」「そのグッズ、いいですね。入り口で売っていました?」など、共通の軽い話題から入ったほうがいいでしょう。

また、果物屋さんでは「どのスイカが美味しいですか?」、喫茶店では「このコーヒー豆の生産地は?」など、相手が簡単に答えられる質問をすると、「よくぞ聞いてくれました」とばかりに詳しく教えてくれます。そこから、顔を覚えて声をかけてもらったり、ときにはサービスしてくれたり。〝顔見知り〟になるといいこともあるのです。

下手な質問というのは、相手が答えづらい質問です。いきなり立ち入った質問や、相手が知らなそうな難しい質問をするのは失礼。同僚に声をかけるとき、「仕事はどう?」といった雑な質問も答えにくいもの。「プレゼンの仕事は落ち着いた?」「最近は定時で帰れてます?」など具体的な質問のほうが答えやすく、会話も弾むはず。

質問をするのは、「あなたと話したい」という好意の表れ。だから、相手も好意を返してくれるのです。ただし、質問攻めにするのは、尋問されているように感じることも。ひとつの質問から話を展開したり、自分の話も織り交ぜたりしていきましょう。

質問をすることで、相手と心を通わせることができ、緊張感がほぐれます

41

「それは嬉しかったね」と、相手の感情を代弁する

ひどく心が傷つく出来事があって落ち込んでいるとき、「そんなの、よくあること。クヨクヨしないで、元気だしなよ」と励ましてくれる人や、「人生はポジティブ・シンキングが大事」とアドバイスしてくれる人より、「それは落ち込むよね。辛かったね」などと寄り添ってくれる人と一緒にいたいと思うものです。

ネガティブな気持ちになっている人に対しては、なにか気の利いたことをしてあげようとするより、「それは怒りたくもなるよね」「ひとりで心細かったね」「焦ったでしょう?」と、相手の〝感情〟を代弁して寄り添ってあげるほうが、サポートになるのです。寄り添ってもらった人は、あたたかい雰囲気のなかで心の重荷を一緒にもってもらったようで、気持ちが軽くなり、自分で前を向こうとします。

同じように、「資格試験に合格しました」などと言ったときに、「それって難しい試験なの?」「キャリアアップのために必要だからね」と批評されるより、「やったね。ほっ

としたでしょう？」「こんなに嬉しいことってなかなかないね」と、自分のことのように喜んでくれる人のほうが、心が通い合っているようで嬉しいものです。

ある友人は、私が楽しい遊びの計画を話すと「ワクワクしてきた」と楽しみ、理不尽な出来事には「むちゃくちゃ腹が立つ！」と私以上に怒り、ときには一緒に泣く……と、まるで追体験しているような共感力。なので、かけがえのない友人なのです。

「人の気持ちに寄り添える人」は、愛情に満ちた雰囲気と安心感があり、間違いなく好かれます。相手の気持ちを察して、声をかけたり、話を聞いたり、遠くから見守ったりと、適切な対応ができる。相手の立場から考えられるので、たとえ意見が違っても、譲り合ったり、折り合いをつけたりして、トラブルになることも少ないのです。

相手の感情を代弁する習慣によって、そんな愛情深い人に近づくはずです。

「一緒に喜ぶと喜びは2倍に、一緒に悲しむと悲しみは半分に」は心理的真実です

42

相手の「好きなこと」と「嫌いなこと」をわかっておく

知人の車に乗せてもらったとき、私の好きな曲が流れてきました。

「この曲、すごく好きなんです！」と言うと、知人は「でしょ？　前にこのアーティストのライブに行ったって聞いたから、きっと好きだろうって思って」とにっこり。

私も話したことを忘れているほどの情報を、しっかりキャッチしてくれていたことに感動するやら、心遣いが嬉しいやら。で、車中のおしゃべりは盛り上がったのです。

一方、何度も一緒に食事をしていて、そのたびに「お酒は飲めない」と言っているのに、毎回「とりあえずビールでいいよね」と聞く知人男性もいます。だれと勘違いしているのか「カラオケ、上手だったよね」と的外れなことを言ったり、「女子はみんな、甘いものが好きだからねぇ」とひとくくりにしたり。興味がないこともあるでしょうが、人への接し方が雑なので、話がまるで噛み合わないのです。

なぜか好かれる人というのは、それほど親しくなくても、話の流れから相手の「好きなこと」「嫌いなこと」は覚えておこうとします。スマホや名刺にメモしておくこともあるほど。たとえば、食べ物の好き嫌いをわかっておくと、「今度はイタリアンにしましょうね」「チーズは抜いてもらいましょうか」と気配りがしやすくなります。

映画の話題になったときに「○○さんはどんな映画が好きですか？」と聞いてみるだけでも、相手は「自分に興味をもってくれている」と嬉しいもの。映画や本の好きな傾向を知ると、情報を交換できたり、話のネタが増えたり。また、興味のない話題を知って会話で避けたり……と、人間関係がより深く、スムーズに噛み合うのです。

「この人と話すと、すごく楽しい！」と思ってもらえるのは、相手が〝好きなもの〟について話せるとき。さらに、趣味やスポーツ、音楽、旅、ゲームなど、好きなものが同じだと、間違いなく話が弾んで心の距離が縮まるので、ぜひ探ってみてください。

好きなものが同じ人は、好きになっても、嫌いにはなりにくいものです

43

「価値観の違い」を、〝宇宙人〟のように面白がる

「夫婦円満のヒケツは、相手への尊敬を忘れないこと。価値観を無理にすり合わせようとしないこと」と言っていた結婚40年の友人がいました。

「最初からそうだったの？」と聞くと、「いえいえ、初めは『どうして、そんな趣味にお金を使うのか』『なんで出世欲や向上心がないのか』とイライラしたり、夫を変えようとしたりして、ケンカが絶えなかった。でも、人を変えるのは不可能。いまは、〝宇宙人〟だと面白がって、毎日笑っているから、ストレスフリーよ」

彼女は、自分とまったく違う生き方や価値観の人も、「あなたって、面白い」と受け入れる懐の深い人。常識にとらわれたり、人を比較したりすることなく、一人ひとりの個性を面白がって認めているから、彼女を慕って集まってくる人は多いのです。

私が30代後半で夢を追いかけて上京するときも、ほとんどの地元の友人が「そんな年齢じゃないでしょ」と言うなか、彼女だけ「かっこいいね」とひと言。

「人は人、自分は自分。自分はこれがいい」という線引きがハッキリしているから、自分の価値観を押しつけることも、人と張り合うこともない。互いにリスペクトがあり、私も一緒にいて心地いいので、友人としての関係が何十年も続いているのです。

そんな私も海外暮らしをしていたときは、価値観の違う人たちに翻弄されることが多くありました。たとえば、人を騙してでも利益を得ようとする人に対して、最初は「ありえない！」と激しい憤りを覚えたものです。だんだん「いや、ありえる」と認めて面白がるようになると、その背景や理由も理解できるようになってきます。

価値観を無理に一致させようとせず、違いを面白がる。「ありえない！」を「ありえる」と言い換えてみる。すると、ものすごく達観した視点になって、大抵は愛すべき登場人物ばかりのコメディ映画のようにも見えてくるのです。

「どうして？」を「どうしたら？」に変えると、折り合う方法も見えてきます

44

人を「白・黒」でジャッジしない

モロッコ在住の友人は、学生時代に初めてモロッコを旅したとき、スリに遭って、旅行資金をすべて盗まれたことがありました。路頭に迷っているとき、助けてくれたのも見知らぬモロッコ人。「スリなんかする罪人は、罰を受けて死んじゃえばいいんだ」と言った友人に対して、その親切なモロッコ人はこう諭したといいます。

「そのスリをした若者、いまはスリだが、もしかしたら数十年後に、世界をよりよく変える人物になっている可能性もある。だから、死んじゃいけないんだ」

それまで「善人・悪人」と線引きしていた彼女は、目から鱗。悪いことをする人も、助けてくれる人もごちゃ混ぜにいる社会。悪人が翌日には善人になったり、善人が悪人になったりするボーダレスで寛容な社会に惹かれて、彼女は移住したのです。

いま彼女は貧しい人の雇用の場をつくろうとホテルを経営し、少々悪さをする従業員にもチャンスを与えるので、みんなが彼女のために尽くし、成長していくのです。

どの国に生きていても、「いい人・悪い人」が二つに分かれているわけではありません。だれもが、さまざまな側面をもっているのに、私たちは、ちょっと残念なところが見えて失望すると「悪い人」とジャッジ（判断）してしまう。社会では、好感度の高かった芸能人や識者が、一度の失言で、永久追放されてしまうこともあります。

まわりの人を「いい人・悪い人」「味方・敵」「好き・嫌い」と〝白黒思考〟で判断しては、人間関係の可能性を狭めてしまうでしょう。「まわりは敵ばっかり」「だれも自分を理解してくれない」と考えているときは、自分が白黒思考に陥っていることに気づかず、妥協、協力、歩み寄りなどのアプローチができません。

よくない点が見えても「そんな面もある」と考える。「白でも黒でもなく、みんなグレー」と意識すると、互いに活かし合うことができて、自分が救われるのです。

「そんな人もいる」「そんな面もある」と考えるだけで楽になります

45

その人自身も気づかない〝個性〟〝才能〟を見つけてほめる

「なぜか好かれる人」の筆頭として思い浮かぶのは、ほめてくれる人。だれだって、自分のことを認めて、ほめてくれる人は大好き。なのに、なかなか口に出して人をほめられないのは、単純にほめる習慣がないからかもしれません。

「照れくさい」「媚びているみたい」「わざわざ言うことではない」などといったケチな精神はやめて、些細なことでもすぐに「それ、いいなあ」「素敵」「さすが」などとほめてみるといいではありませんか。その途端、一瞬で笑顔になれるのですから。

「いいなと思ったら、すぐにほめよう」と心がけていると、初対面で「きれいな柄のスカーフですね」、いつも会っている同僚に「髪を切ったんですね。お似合いです」など、なにかと気づきやすくなるのです。

ほめることに慣れてきたら、その人の〝見えない個性や才能〟に目を向けてみるといいでしょう。多くの人は、だれもが認める長所や、いい結果が出たときにはほめるものの、それ以外の良さには気づいていないのです。

相手が欠点だと思っている性格を「そこが、あなたの魅力だと思う」、結果が出なくても「最後まで投げ出さないって、すごいこと」「あなたの○○の力はすばらしい」など、角度を変えると見えてくる〝ほめポイント〟があるのです。

自分も知らない自分の良さを教えてくれる人は、特別な人になるものです。

私も「あなたのここは、すばらしい」と気づかせてくれた教師や上司、友人などは忘れられない。そんなほめ言葉がいまも私を支えてくれています。

最近、友人から言われて嬉しかったのは、「あなたほど、どんな人とも親しくなれる人も珍しい。じつはすごいことだよ」というほめ言葉。それまで意識したことがなかった大発見であり、その言葉に勇気をもらって、私はこの本を書いているのです。

「この人の良さはなに？」と思うだけで、表情がやさしくなります

46

「苦手な人がいること」に意味を見つける

私が多くの職場で働いてきて、いちばん意識していたことは、「〝嫌いな人〟をつくらないこと」でした。「あの人、嫌い」という人が一人いるだけで、ものすごいストレスになり、仕事に行きたくなくなる。同じランチの時間にならないようにと避けたり、目線を合わせなかったりと、つい態度にも出てしまう。そんな気持ちは、当然、相手にも伝わって、人間関係も仕事もうまくいくはずがありません。

そもそも人間の脳は、動物が瞬時に「安全か危険か」を条件反射的に決めて反応するように、会った瞬間、「好き・嫌い」の判定をするといいます。そして、一度、「嫌い」というレッテルを貼ったら、その偏見で相手を見て、相手の嫌な点ばかりを探し、言っていることにもケチをつけて、ますます嫌になる。嫌なのに、目の前にいるときだけでなく、家に帰っても頭から離れなくなってしまうわけです。

「嫌いだからしょうがない」と思うかもしれませんが、「嫌い」という感情は自分でつくり出しているのです。「好き」にならなくても、「嫌い」とは思わない。仲良くしなくても、無視はしない。「苦手なところがある」くらいに考えて普通に接していれば、どこかで意気投合したり、協力したりすることもあるかもしれません。

それに、「嫌いな人がいること」は、悪いことばかりでもないのです。「どうして嫌なのか」と考えると、自分が不快だと感じることや、心地いいことも見えてきます。他人を観察して知り、自分を知れば、「どうつき合えばいいか」も見えてくるわけです。

パワハラ、セクハラなど極端な場合は「逃げる」一択ですが、摩擦や波乱を乗り越えているときに人間力は育ち、「大抵の人とはつき合える」という自信になります。

自信がつくと贅沢なもので、いい人ばかりなのは、温室にいるようでつまらない。一瞬、嫌悪感をもつ人に出会うと、「面白いじゃない」とさえ思えてしまうのです。

相手への「嫌い」がなにかを知ることは、自分を知ることです

47
重要でない議論では、戦わずに一歩引く

「私はどう考えても正しいことを会議で提案しているのに、上司がなにかとケチをつけて賛成してくれない」と嘆いている人がいました。

理由はいろいろあるでしょうが、「自分は正しい」という信念のもと議論を戦わせて、公衆の面前で上司のプライドを傷つけ、嫌われてしまったのかもしれません。人は嫌いな人からの提案は、どんなに正しくても受け入れたくないものです。

自分の正義があるのと同じで、相手にも相手の正義があるもの。「それは間違っている！」と否定したり、正しさの証明を積み上げたりして戦っても、相手の応戦も強まるばかり。なんとかねじ伏せて意見を通したところで、相手は腑《はらわた》が煮えくりかえっていて、憎しみの火種が残ります。そして、また戦いは勃発する……。

「どちらが正しいか」のつまらないプライドをかけた争いを繰り返していれば、人間関係において信頼を失い、なにかにつけ攻撃されたり、足を引っ張られたりして、焼

け野原のように、すべてを失うまで戦い続けることになります。

そうならないためには、「戦わないこと」。自分の意見を通そうと思ったら、戦うよりも、相手に味方になってもらうほうが、ずっと近道なのです。

なぜか好かれる人は、意見を言っても、相手がムキになって攻撃してきたときや、「これ以上言うと、戦いになるな」という場面では、一歩引きます。自分にとってさほど重要な議論でなければ譲ったり、みんなの前で花を持たせたり、相手が困っているときに助けたりします。そんなふうに譲っていると、人間関係は劇的によくなり、ここぞという場面で、相手からも味方になってもらえたり、譲ってもらえたりするのです。

好かれる人の戦法は、「戦わずして勝つ」ことです。戦いになりそうなときは、ひとまず「一歩引く」と決めていれば、平和的に解決することもできるのです。

「どちらかが勝つ」ではなく、「どちらも勝つ」道を探りたいものです

48

ビルの管理人や宅配業者にも、丁寧に接する

人望の厚い人というのは、職場の同僚だけでなく、ビルの管理人さん、清掃の方、配送業者の方など、だれに対しても「いつもありがとうございます」と感謝を示したり、ときには「昨日はお休みでした？」なんて、ちょっとした雑談をしたりします。

すると、相手も気持ちのいい対応をしてくれるし、自然に評判がよくなって、なにかとよくしてもらうことも多いのです。「だれに対しても、フラットに接する姿勢」は大きな信頼。それを見ている人たちも「この人は裏表がない」と安心するでしょう。

一方で、上司や地位のある人には愛想よくするのに、それ以外の人には、見下した態度をとる人もいます。そんな人は、当然、評判が悪くなり、いざというとき、助けてくれる人もいません。「見下された」「差別された」という気持ちは、相手の心を深く傷つけるのです。かならずと言っていいほど〝しっぺ返し〟がきます。

人によって態度を変える人は、つねに自分にとって「損か得か」で判断しているも

の。人を見下すことで、自己肯定感を高めようとするのが本質で、ほんとうは自信がなくて、「低く見られたくない」「認められたい」と必死で心の余裕もありません。

だれに対しても丁寧に接する人は、立場や職種は関係なく、相手に敬意をもっています。だから、人をあたたかく受け入れる器が大きいのです。

海外で国会議員などの視察ガイドをしている友人は、最初に「私はみなさんのことを先生ではなく苗字で呼びます。でも、議員でなくなっても呼び方を変えることなく、同じように接します」と伝えるとか。どんな大物政治家や著名人に対しても、大学生に対しても同じように接するので、信頼が厚く、仕事の依頼が絶えないのです。

見下すことも、媚びることもない〝品格のある態度〟で、信頼を得るのか。それとも目先の損得を追って信頼を失うのか。日頃の習慣が試されているのです。

「だれに対しても礼儀正しく接する習慣」で、
自分への誇りをもてます

Chapter 5

「気配りのできる人」は好かれる

49

話の輪に入れない人がいたら「〇〇さんはどう？」と話を振る

〝気配り上手〟な人は、まわりの人を幸せにしてくれます。

まわりに目を配って、いろいろなことに気づき、さっと手を貸したり、物事がスムーズに進むように先回りして手を打ったり。視界が広く、さまざまな人の立場になって考えることができるので、やさしさと、安心感があるもの。だれからも感謝され、好かれて、人間関係が円滑になることはいうまでもありません。

chapter5では、そんな「気配りのできる人」が自然にやっている習慣について、お伝えします。

好かれる人を見ていて、特徴的だと思うのは、自分が楽しんでいるだけでなく、「まわりの人も楽しんでいるか？」をちゃんと見ているということです。

だから、話の輪に入れない人がいたら、タイミングを見て「〇〇さんはどう？」と声をかけます。話のなかに、だれかが知らない情報が出てきたら、「いま話した△△は、こういうことで……」と補足説明をしてくれます。

孤独を感じる人がまわりにいないように、自然に気を配っているのです。意識すればだれでもできることですが、自分の話に熱中していたり、仲のいい人だけで盛り上がっていたりすると、そんな人がいることには気づきません。

でも、だれもが一度は経験したことがあるはず。「みんなは楽しそうにおしゃべりしているのに、自分だけが蚊帳の外」という取り残された状況がどれだけ辛いことか。

そんなときに「あなたも入って！」と輪の中に招き入れてくれる人は、ありがたく、〝神〟のような存在に見えてしまう。当然、好意と敬意をもつでしょう。

話に加われない人がいたら、「〇〇さんはどう？」「どう思った？」などと振る習慣をもつだけで、みんなが心地いい空気ができていくのです。

いつも気にかけてくれる人は、だれにとっても嬉しい存在です

50

相手が断りやすいようにして誘う

人を飲み会やイベントなどに誘うときに、あえて「都合がよくないときは遠慮なく言ってね」などとひと言添えて断りやすくしてくれる人は、やさしい気遣いを感じて、ほっとします。「当日、参加するのがむずかしければ、メッセージだけの参加もあるよ」などと選択肢を与えてくれるのも、心が軽くなるものです。

「誘うこと」は、あくまでも誘う側の都合や判断。ほんとうは、だれでも断る権利があるのに、いざ断ろうとすると、心理的な負担が大きいのです。気の弱い人は断ることに大きなプレッシャーを感じたり、無理して合わせたりすることもあります。

だから、誘われる人の気持ちを汲んで、「断っても大丈夫」と軽く誘い、断りやすいスペースを用意してあげられる人は、安心できて、人気があるのです。

誘うときにやってはいけないのは、断りにくくして誘うこと。それほど親しくない相手に誘われて「その日は予定があるんです」とやんわり断ると、「じゃあ、いつなら空いている?」となぜか行くことが前提になっていて、逃げ道を塞いでしまう。「明日、暇?」と言って誘うのも、相手は「時間はあるけど、なに?」と戸惑うもの。「なんで?と相手に考えさせること」はストレスをかけること。誘い方が強引な人たちは、「人の気持ちを想像できない人」という印象を与えてしまいます。

ある友人は数か月に1回、いきなり「いま出張で近くに来ていて明日帰るんだけど、ランチできる?」と連絡してきます。しかし、それは彼女なりの気遣い。急な誘いは「残念。明日は用事があるの」と断りやすいのです。彼女は何週間も前から相手に予定を入れさせて、負担をかけることに抵抗があるのでしょう。あくまでもダメ元で誘ってくるので、誘われる側も気楽で、行けるときは喜んで行く。気楽に誘い、気楽に応じられる関係であれば、気持ちのいいつき合いが続いていくのです。

人間関係は、期待や要求を押しつけようとするほど、重くなります

51

5分以内でできる「小さな親切」をちょこちょこする

人に好かれる人は、みなとても親切です。相手が身近な人でも、通りがかりの人であっても、だれかが困っていたら、「それ、私がやりますよ」「手伝います」「任せて！」と助けるし、それに対して感謝や見返りがなくても気にしません。

人のためにあれこれと尽くし、自分の時間や労力、ときにはお金を使っても「損をした」という考えもありません。ただ、シンプルに「喜んでもらえて、よかった」と、人のためになにかできることが嬉しいのです。

しかしながら、人間関係は「ギブ&テイク」だと考えて、お礼や見返りの行動があるのが当然と思っている人もいます。そんな人は利害関係がうまく回っているうちはいいけれど、バランスが崩れると、途端につき合いもなくなってしまうのです。

定年後に人が離れていって「在職中はあんなによくしてあげたのに恩知らずだ」などと言っている人は、当時から見返りを期待したつき合いをしてきたのでしょう。

定年後も慕われたり、尊敬されたりしている人は、まわりから「新人のころに、親身になって仕事を教えてもらいました」「ずっと気にかけてアドバイスをもらいました」などと感謝される〝一方通行の親切〟をしているものです。

親切な人というのは大げさなことをするのではなく、「自分にできる範囲のことを、あたりまえにやっているだけ。感謝されるほどのことではない」という感覚です。無理や我慢をした途端、「あんなにやってあげたのに」となるもの。

相手の負担にも、自分の負担にもならない、5分以内でできる小さな親切を、ちょこちょこするのがいいのです。少し手を貸す、情報を提供する、声をかける、ついでの買い物をする、人を紹介するなど、5分でしてあげられることは意外に多くあります。「お礼なんかいらない」と爽やかに立ち去る格好いい人でありたいものです。

いつも親切にしている人は、回り回ってどこからか恩恵が返ってくるのです

52 返事や連絡は「すぐに」「マメに」する

「贈り物が届いたら、あとでちゃんとお礼状を書こうなどと考えずに、すぐにお礼の電話をしなさい」と、かつての上司に教えられたことがありました。

贈った人は、お礼状なんかより、無事に届いたかを気にしている。「素敵な贈り物をありがとうございました」と一本電話をすれば済む話だと。痛いところを突かれました。それまで「礼儀・マナー」として便箋に万年筆でお礼状を書いて……」などと思い込んでいたので、つい億劫になって、放置してしまっていたのです。

それ以降、贈り物が届いたら、すぐに電話かメールで連絡をするようになりました。

遠くの知人からのお菓子が届いたときも、「感動の美味しさ！　しばらくはお茶の時間が楽しみです」などリアルに喜びを伝えられるので、贈ったほうも喜んでくれます。数日後に思い出して手紙にしようとしても、互いに「どんなお菓子だったかしら」と忘れているもの。「ちゃんと」より「すぐに」のほうが会話はスムーズで、相手を大事にしている気持ちも表現できるのです。

ビジネスの世界では、メールの返信が早いだけで「デキる人」と思われます。といっても、急ぎの用事でなければ、1日1、2回チェックして返信すればじゅうぶん。

放置してしまうのは「いま検討している段階だから」という状況が多いものですが、「いまどうなっているか」をそのまま共有するだけで、相手も安心するのです。

また、上司や同僚への「ホウレンソウ（報告・連絡・相談）」も「よくない報告をしたくない」「あの人には連絡したくない」など、気が進まないときほど早めに、マメにしたいもの。「なんで連絡をしてこないのか」という相手のイライラが嫌悪感になり、トラブルに発展することは必至ですから。

「連絡は、すぐに、マメにする」と決めるだけで、好感度はまったく違うのです。

「ちゃんと」より「すぐに」のほうが誠実さを示せます

53

教えてもらったことは、すぐに実行し、感謝を伝える

20代の青年と話していて、心理学に興味があるというので、「じゃあ、おすすめの本がありますよ」と紹介したら、彼はすぐさまスマホで調べて、「これ、読んでみたいです！」とその場で、注文。その数日後には「いま読み終わりました。めちゃくちゃ面白かったです。まだすべて理解できていないのですが、自分が興味深かったのは……」と、感想までメールしてきたのです。

そうなると、私も「教えてよかった」「また、いい情報があったら教えよう」と思うもの。積極的に学ぼうとする姿勢にも好感をもち、応援したくなるのです。

こちらが教えたことを「すぐに行動に移す」というのは、最高の心遣い。頼まれたことをすぐにやったり、注意されたことをすぐに改善したりする人も、好感をもたれて、信頼されたりかわいがられたり、周囲を味方につけたりするものです。

しかしながら、おすすめの本を教えても、仕事のアドバイスをしても、社交辞令の

ように「今度、読んでみます」「近々、やってみます」で終わってしまう人が圧倒的に多い。それでは話しているときは感じがいい印象でも、あとから「口先だけの人だ」「自分の話は軽視されている」と、がっかりさせてしまうこともあるでしょう。

その結果、相手を味方にする大きなチャンスを逸するばかりか、自分を成長させてくれる情報も手に入らないことになってしまうのです。

私も「教えてもらったことは、すぐに実行して感謝を伝える」を習慣にしてきました。おすすめのYouTube番組、スマホのアプリ、時短料理の作り方、近所づき合いのマナーなど、身のまわりのことは友人から教えてもらったことばかり。やった結果を感謝とともにフィードバックしていると、相手との関係性が深まって親身になってくれ、問題も解決し、成長していける……と、いいことずくめなのです。

相手を味方にする人は「あなたの教えは価値がある」と行動で示す人です

54

再会したときに、前回話していた内容から入る

月に1、2回、ジムで顔を合わせて、ヨガなどのクラスが始まる前、ほんの5分ほど雑談をする人が何人かいます。年齢や仕事や家族構成などほとんど知らないけれど、「そういえば、前回、車を買うって話してましたよね。もう車種は決まりました？」「ワンちゃん、病気は治りました？　名前は……そう、ヨーダ！　スターウォーズのヨーダにそっくりなんですよね」など、前回話していた内容から入ると、大抵は「覚えていてくれたんですね。そうそう、聞いてくださいよ」と喜んでくれ、まるで連続ドラマの続きのように、するりと会話に入っていけるのです。

反対に、前回、話がすごく盛り上がって仲良くなれたと思っていた人が、そのことにまったく触れないと、拍子抜けして、また距離が広がったような違和感があります。

家族や友人など近しい関係でも、前に話した内容を覚えていて、「あれ、どうなった？」などと振ったり、「あなたが話していたこと、気になって調べてみたんだけど

……」というように前に話したことを意識すると、コミュニケーションが円滑に。

記憶力に自信がなくて、「言ったことも、聞いたこともすぐに忘れしまう」「相手や家族、ペットの名前を覚えるのが苦手」という人もいるでしょう。確実な方法は、スマホやメモ帳などに記録を残すこと。とくに大切なお客様、これから親しくなりたい同僚やご近所の方などは、キーワードだけでも記録しておいて損はありません。

また、会話を進めるときに、〝言葉〟ではなく〝イメージ画像〟として思い浮かべたほうが記憶に残りやすい。たとえば「犬」「ヨーダ」など単語で覚えるのではなく、「ヨーダそっくりの犬と遊ぶ○○さん」を映画の一コマのようにイメージするのです。

思い出せないときは、素直に「この前、どんな話しましたっけ？」と聞いてもOK。会話は一緒につくっていくもの。「仲良くしたい」という好意さえ示せばいいのです。

会話した内容を覚えておくのは、いい人間関係を築くカギです

55

「あの人、どうしてるかな？」と思い出したタイミングで連絡する

ふとしたときに「あの人、どうしているのかな？」と思い出すことがあります。そんなときは、タイミングの波に乗って、ストレートに「ふと、あなたのことを思い出したんだけど、どうしてる？」と、電話やLINEで連絡をしてみるのです。すると、「びっくり。私も最近、あなたの写真が出てきて、どうしてるかと思ってたの」なんて〝シンクロニシティ〟が起こることもあるし、「久しぶりー！　すごく嬉しい」と、思った以上に喜んでくれることもあります。

数年会っていないと、「相変わらずよ」と言いつつ、なにかしら変化はあるもの。転職や引っ越し、結婚や家族との別れ、大きな心境の変化など。簡単に近況を報告したり、情報交換をしたり、そこから再会や別の出会いや仕事に発展したりすることも。

「連絡をしてみよう」と思う相手は、嫌いなはずはなく、なにかしら好感をもっている人。相手からも冷たい対応をとられることはありません。「思い出したタイミング

で連絡をする」という習慣は、とても自然でスマートな関係の続け方。ゆるく、細く長くつながっていることは、あたたかい影響を与え続けてくれます。

私はよく、相手の地域で地震や台風、大雨など、自然災害があったときに「大丈夫ですか？」と連絡してみます。自分でも連絡をもらえると「気にかけてくれたんだ」と嬉しく、相手のことを大切に思えます。いざ頼りたいときも、連絡をしやすいもの。

フリーライターになった当初、先輩から「クライアントには、2週間に1回は連絡しろ。用事は適当につくればいいんだ」とアドバイスされたことがありました。

素直に守っていたら、「ちょうどよかった。いい仕事があるけど、やってみる？」とチャンスをもらえることが多くなったのです。仕事を続けてこられたのも、「思い出したら連絡する」という習慣が要因になっていることは、間違いありません。

「ちょうどよかった」という流れは、行きたい方向に導いてくれます

56

積極的に〝お裾分け〟をする

職場などで「チョコ、おひとつどうぞ」とお菓子をいただくと、ほっこりします。もらったのは、お菓子だけではなく、あたたかい〝人情〟もあるからでしょう。

そんなふうにお菓子をお裾分けしていたり、出張のお土産をあげたりしていると、わからないことを聞いたり、手伝ってもらったりしやすくなります。

「実家から田舎のお菓子を送ってきたので……」などとお裾分けされると、親御さんのやさしさまで身に染みる。「実家ってどこ？」と背景も垣間見えて、距離がぐっと縮まり、なにかあると「じゃあ、私もお返しに……」と、お裾分けがしたくなります。

たかが〝お菓子〟ですが、効果は絶大。お裾分けをする人は、なにかしてもらうつもりはなくても、〝小さな賄賂〟の役割をしっかり果たしているのです。デスクの引き出しや、バッグのなかに飴やチョコを忍ばせておけば、そんな機会も増えるはず。

私も〝お裾分け〟の機会を、積極的につくっています。お歳暮などでたくさん食品をもらったとき、農家の方から野菜や果物をもらったときなど「たくさんあるのでもらって」とお裾分けする。近所の友人には初ものの果物や、旅先の名産品を多めに買って「せっかくだから一緒に食べない?」と持っていくと、とても喜んでもらえます。

お裾分けは、わざわざなにかプレゼントを用意したり、おもてなしをしたりする必要がなく、〝ついで〟なので、互いに気が楽。「ついでに喜んでもらおう!」という好意を気軽に送って、気軽に受け取り、好意の循環が自然にできていきます。

それに、言葉だけでなく、なにか〝もの〟を交換するという行為は、不思議と安心感が生まれるもの。「同じものを食べること」も喜びを共有して、連帯感を生む行為。ほっこり笑顔になって、自然に話も弾み、人から好かれるのは当然なのです。

お裾分けは喜びを何倍にもしてくれる素敵な行為なので、ぜひ習慣にしてください。

「喜びを分かち合う人はいないかな?」と考えるだけで、話すきっかけになります

57

飲み会の帰り際に、全員の忘れ物をチェックする

尊敬する作家の先生に直接教えてもらったのが、「飲み会の帰り際、忘れ物がないか確認する」という習慣です。

みんなが退席したあと、いちばん最後に出るようにして、自分の忘れ物だけでなく、全員の忘れ物がないか、テーブルの上はもちろん、下も覗き込み、荷物を置く箱までくまなくチェックする。すると、高い確率で、折りたたみ傘、メガネ、帽子、ハンカチ、鍵など、なにかしら忘れていることが多いもの。「お忘れですよ」と差し出すと、「あー、助かった。ありがとう!」と、心から感謝してもらえるのです。

先生は新人としてその習慣を始め、管理職になっても、重鎮の作家になっても続けています。自分のことだけでなく、まわりにも目を向け、手助けしようとする姿勢が、リーダーとしても尊敬され、愛されてきたのでしょう。90代でも仕事が絶えないのは、まわりを「気にかける」という小さな習慣が積み重なった賜物だと感じるのです。

私も「アリカワくん、スマホを忘れてるよ。気をつけなきゃ」と助けられてから、その習慣を心がけるようになりました。

よかったのは、人助けができることだけではありません。自分自身の忘れ物が劇的に減ったこと。チェックすることによって、自分の忘れ物の傾向がわかり、事前に「スマホはバッグのこのポケットに入れよう」など、対策を立てるようになります。

同じように「あの人、あそこに傘を置くと忘れそうだから、気をつけてあげよう」「上着はハンガーにかけてあげよう」などと、普段からまわりが見渡せるようになるのです。

自分のことさえ見えていなかった私にとって、この習慣はとても有意義なものでした。まわりをちょっと気にかけるだけで、できること、見えてくることも多いのです。

「気配り」とは、まわりを観察することから生まれてくるものです

58

人と話すときはスマホをしまう

カフェで、カップルや友人同士が向き合って座っていながらも、無言でうつむき、目はそれぞれの〝スマホ〟に見入っている場面は、あたりまえの風景になりました。

でも、そんな時代だからこそ、人と会うときは、スマホをしまってはいかがでしょう。

どんな相手でも、目の前の人を最優先するのが、人としてあたりまえのマナー。すっかりマヒしているようですが、本来、わざわざ時間をつくって会っているのに、ほかの人にメッセージを送ったり、ネットを検索したりするのは失礼なことなのです。

ある研究では、テーブルの上に使われていないスマホが置いてあるだけで、話の内容が変わってくるという結果があるようです。無意識に、いつ中断されてもいいような軽い話題をするようになり、人との親近感も変わってくるとか。

何十年も前、家庭のなかでは「食事中はテレビを消しなさい」と言われたものでした。食べるときは、食べることに集中するという行儀作法ですが、必然的に家族と対話する機会は生まれます。子どもにとって「自分の話を聞いてもらえる」という喜びと安心感は大きかったと、振り返って思うのです。

向き合って話すから、相手のことをちゃんと見て、大切に思えるのです。

職場でも、話しかけられたときに、パソコンを見ながら応えていたり、挨拶もそこそこに目も合わせず、足早に通り過ぎたりすることがあります。

こうした〝ながら動作〟を繰り返していると、雑な人、傲慢な人といった印象になり、心の距離は縮まらないでしょう。時間はほとんど変わらないのですから、会話や挨拶をするときは、ちょっと立ち止まって、相手に体ごと向けるだけで印象はまったく変わり、つぎに出てくる言葉も変わってきます。

便利な道具や忙しい時間に流されて、人との距離感を見失ってはいけないのです。

ちょっと立ち止まって、きちんと挨拶するだけで、美しい所作にもなります

59

人が言えずに困っていることを、さらりと代弁する

飲み会などで「そろそろ帰りたいな」と思っているとき、「お時間、大丈夫ですか？ご自宅って遠いですよね」などと気遣って、促してくれる人がいると、ほっとします。また、会議が長引いてだれもが「お腹が空きすぎて、頭が回らない」という疲れ切った状態のときに、「ちょっと休憩しませんか？　そろそろお腹も空いてきたし」なんてざっくばらんに言ってくれる人も、ありがたい。

人が言えずに困っていることを、さらりと代弁してくれる人は、だれもが一瞬で「なんて気の利く人なの！」と、大好きになってしまうわけです。

「言いたいことは自分で言わなきゃ」とわかっていても、あれこれ考えすぎて言えないこと、状況的に言い出しにくいこともあります。多くの人は「嫌われたくない」「波風を立てたくない」と言えずにいるものです。が、そんな場所はストレスがたまりやすく、居心地がよくない。だから、陰で悪口や愚痴を言うことにもなるのです。

まわりの気持ちを汲んで意見できる人は格好よく、好かれる人の上級者です

ある職場で、一日中、大声でおしゃべりをしている人がいました。だれもが迷惑だと思っているけど、先輩なので言えずにいたところ、ある同僚が「ごめんなさい。ちょっとだけ音量下げてもらえますか？」と、にっこり。相手も「あら、ごめんなさい」と、あっさり静かになったのでした。

あとで「言ってくれて、ありがとう」と感謝すると、「私が言わないと、だれも言わないと思って」とひと言。「ほんとうは彼女も言いづらかったのだ」とわかって、ますます彼女が好きになったのです。

やってはいけないのは「みんなが迷惑してます」とか「私はいいんですけど、○○さんが嫌みたい」と責任転嫁すること。「私が思っている」という形が、相手も素直に受け入れやすいはず。自分のためではなく、人のためだから言えることはあるのです。

60

ネガティブなことを伝えるときは、〝リスペクト〟も同時に

ある高級クラブのママさんが、こう言っていたことがありました。

「私はお客様にネガティブなことも、必要であれば言うことにしてるの。どこの店もお世辞で持ち上げてばかりだけど、深い信頼関係にはなれない。とくに経営者や管理職の方々は本音で言ってくれる人を求めているから、もっと教えてってなるの」

たとえば「いまの時代、それは若者には通用しませんよ」なんて、ずばっと言うと、「え？　そうなの？」と、どきっとして心をつかまれる。本音でぶつかってくるママさんにキュンとして信頼を寄せ、店に通うようになるのだとか。

職場でも友人関係でも、ネガティブな本音をさらりと言って、嫌われず、むしろ、感謝されている人たちがいます。反対に、嫌味っぽくなって嫌われる人もいます。

「なにが違うのか？」と考えると、なにを言っても受け入れてもらえる人は、言葉に〝棘《とげ》〟がないのです。自分がイライラして言うのではなく、「相手によくなってほしい」

「一緒によりよい方向に進みたい」という気持ちで言っているからでしょう。

仕事でもプライベートでも、互いに「私はこう思っている」と、ネガティブなことも伝えられる関係でないと、うまくいかないもの。SNSで「いいね」だけを押すような適当な関係では、本当の意味でわかり合えないのです。

ただし、言い方は大事。ネガティブなことを言っても嫌われない人は、かならず〝リスペクト〟もセットで伝えています。「あなたならもっと成長できる」「私は期待している」「この点はすばらしい」と。けっして上から目線にならないこともコツ。「私はいろんな人を見てきたけど……」「私はこの分野に詳しいから言うけど……」などと自分の立ち位置を固めないで、素直に真正面からぶつかればいいのです。ネガティブなことも伝えられる人は、相手にとって離したくない存在になるはずです。

摩擦を恐れずに本音を伝え合うのは、互いの「成長の機会」でもあります

61

小さい約束ほど守る。できない約束はしない

「今度、ランチでも行きましょう」「いい本があったら、今度持っていきますね」「検討して、また今度メールします」など、日常生活のなかで社交辞令のように使われていることが多いのではないでしょうか。

「今度」というのは使い勝手のいい言葉で、ハッキリしないから、守らなくても、さほど罪悪感がありません。「今度」が口癖になっていて、別れの挨拶をするときなど、印象をよくしようと、つい調子に乗って使ってしまうのです。

しかし、これが間違いのもと。言われたほうは案外覚えていて「ランチ行くって話だったけど……」「本を持ってきてくれるって言ってなかった？」「返事のメールが来ないなあ」と不信感をもち、逆に〝口先だけ〟と印象が悪くなってしまうわけです。

なぜか好かれる人というのは、社交辞令でも、できない可能性があることは口にしません。ランチをしたい気持ちがあるときは、「じゃあ、来月はどうですか」「美味し

いイタリアンのお店がありますよ」など、具体的なアプローチをして、実行します。

「○○を持っていきます」「メールします」など、〝小さな約束〟ほど大事です。

「あんな些細な言葉を覚えてくれていたんだ！」と大きな信頼を獲得しますから。約束を守るのは、相手を大事にしている証《あか》し。当然、好感度もぐんと上がるわけです。

私が一緒に仕事をしたいと思うのも、やはり「約束を守ってくれる人」です。

「来月の会議で企画を通しますね」など、少々難しいことでも、一度、口にしたことは、なんとしてもやり遂げようとする誠実さに心を打たれるのです。なにより言葉と行動が一致している人は安心感があるもの。ドタキャンや予定変更なども少なく、「ほんとうに実行してくれるのか」などと不安になりながら待つこともありません。

一つひとつの約束を大切にする人は、人からもチャンスからも愛されるのです。


約束を守れる人は、相手の心と、自分の信用を守れる人です

62

「10分ほどお時間よろしいでしょうか」で、相手の時間を〝節約〟する

結婚式や式典などの永遠に続くかのような長いスピーチは、ゲストをうんざりさせるものです。話をする本人だけは、自己陶酔して気持ちよくなっていても、聴かされるほうは、だんだんイライラ。とくに忙しいスピードに慣れた現代人は「無駄な時間」と感じることに、より嫌悪感をもつ傾向があるようです。

好かれる人は、相手の側から時間を考えるので、スピーチも手短か。「あれもこれも言いたい」ではなく、「これを聞いたら喜ぶだろう」と話すことを絞ります。

プロ並みの話術でもないかぎり、人が集中して聞けるのは5分以内。相手の時間を〝節約〟したほうがインパクトがあり、好印象をもたれるはずです。

「時間の節約」は「お金の節約」と同じで、必要な予算（時間）を決めることが大事。「いまちょっといいですか？」を「いまから10分ほどお時間よろしいでしょうか」、「なる早で」を「午後5時までに」、「会議は14時からです」を「会議は14時から2時間で

時間を大事にするために「始まる時間」だけでなく「終わる時間」を決めましょう

す」と、それにかかる時間をハッキリ示すと、安心してもらえます。相手にとっては「いつまで?」と考えることがストレスになるのです。時間を決めてしまえば、だらだらと時間が過ぎることを防いで、いまに集中できます。

相手の時間を無駄遣いしないことを心がけていると、意外に多くのことが時間の浪費になっていると気づきます。長文のメールや大量の資料、長い報告だけの会議、プライベートの悪口、愚痴話など、「相手にとって必要な情報か」「相手はどう感じるか?」を相手側から考えて、コンパクトに伝えるようになります。

ただし、「頼み事をしては相手の時間を奪ってしまう」などと気にする必要はなし。小さな声かけはどんどんしたほうが、互いに理解し、協力することになりますから。

相手の時間を節約しようとすると、自分の時間も有意義に使うことにもなるのです。

63

気遣いは「さりげなく、がんばりすぎない」をモットーに

気遣いというのは、さりげないほど、心に響くものです。たとえば、仕事がうまくいかないときに、通りかかったように「こうしたら、やりやすいよ」と、さりげなく声をかけてくれた。有給休暇の希望がかぶったときに、気づかれないように譲ってくれた。みんなで使う給湯室やトイレを、いつもきれいにしてくれていた。……など、あとになって「あの人が、そんな気遣いをしてくれていたんだ」と気づくような。

黙ってやるからこそ、〝自分〟のためにではなく、〝相手〟や〝みんな〟が困らないように、心地よく過ごせるように、という気持ちが伝わって、ありがたく感じるし、相手に敬意をもつのです。自然なさりげなさを心がけている人は、「やってやった」感がないので、相手に気を遣わせることもありません。

これが「これ、私がやったんだけど、わかった？」「たいへんだったのよ」と恩着せがましい言い方をしては、台無し。結局、〝自分〟のためで、お礼や見返りを期待

されているように感じて、途端に鬱陶しくなるわけです。

「気遣いを、がんばりすぎない」ことも大事。「飲み会では料理を取り分けなければ」「場を盛り上げなければ」と空気を読み、無理をして気疲れしてしまう。「人からよく思われなければ」という思いが強すぎて、相手も疲れさせてしまうのです。

人間関係がしんどくなったときは、「そんなにがんばらなくてもいいか」と思い直して、手を緩めましょう。適度な〝ゆるさ〟が、心地よさになりますから。

私がよく行く友人の家は、掃除や整理整頓が雑で、料理もいつも通り。おもてなしはないけれど、そこが心地よくて、互いに気を使わない関係になれたのです。いえ、〝あえて、いつも通り〟というのが、彼女なりのさりげない気遣いなのでしょう。

結局、「気を使いすぎない人」が好かれて、深い関係を築けるのです。

気持ちよくできる程度の軽い心遣いが、互いの心を開かせてくれます

Chapter 6

「言葉に愛と敬意のある人」は好かれる

64

どんなことからも「ありがとう」を見つける

「なぜか好かれる人」は、習慣として〝愛と敬意のある言葉〟を使っているものです。

同じことが起きても、どんな言葉を選び、どう解釈するかで、まわりの人が受ける印象も、自分からわき上がってくる感情も異なってきます。好かれる人は習慣として、明るく、知性と品格のある言葉を使っているのです。

反対に、なぜか嫌われる人は、無意識に人を傷つけたり、不快にしたりする〝毒のある言葉〟を使っているもの。そこに知性や品格は感じられません。チャプター6では、好かれる人たちが使っている特徴的な言葉について、ご紹介します。

好かれる人たちが、一日のなかで「おはよう」「こんにちは」の挨拶以上に多く使っているのが、「ありがとう」という感謝の言葉ではないでしょうか。

ほとんどの人は、なにかしてもらうと、礼儀として「ありがとう」と言うでしょう。

好かれる人は、あたりまえのことや、人が気づかないこと、一見ネガティブなことからも、感謝を見つけます。たとえば、ランチ会に誘われたとき「今回は行けない」だけでなく、「誘ってくれて、ありがとう」を前か後に加えます。注意されたときも「教えてくれて、ありがとう」、自分の意見が通らなかったときも「考えてくれて、ありがとう」、人との別れにも「一緒に過ごしてくれて、ありがとう」というように。

感謝の言葉は、〝毒〟を消してくれる作用があります。相手に対して嫌な印象や、怒りの感情をもっていても、「ありがとう」を繰り返していると、心の〝毒〟は消えて、感謝のシャワーを浴びている相手にも、〝愛〟が伝わります。信頼し合っている上司と部下、夫婦、親子、友人などは、例外なく、感謝の言葉が多いものです。

「ありがとう」は、最上級の肯定の言葉。使うことでオセロの黒がパタパタと白に変わるように、どんなことも肯定的に感じられ、愛をもって見られるようになるのです。

感謝の言葉を使うと、どんな人にも出来事にも、プラスの意味を見つけられます

65

よかったときは「おかげさま」、困ったときは「お互いさま」

コインパーキングの精算機の前で、小銭が100円足らず、財布やバッグをゴソゴソしていたら、通りすがりの女性が代わりに払って、「困ったときは、お互いさま」と、爽やかに去っていきました。その尊い背中に、手を合わせたくなったほど。

「お互いさま」とは、なんと素敵な言葉でしょう。手助けが必要な相手のために、自分のできることをする。たとえ一度と会うことはない相手でも、社会全体で、恩を送ったり、受け取ったりする〝恩送り〟の精神は、どこからかだれかが助けてくれるような安心感があります。

いまは健康で順調でも私たちはかならず老いるし、病気になったり、問題を抱えたりすることもある。目の前の困っている人は、明日の自分だとも気づかせてくれます。

職場でも、だれかが仕事が終わらないときに「お互いさまだから」と手伝ってくれたり、急病で休んでしまったときに「お互いさま」とフォローしてくれたりする人は、まさに〝神〟のよう。そんな人のまわりは、自然に「お互いさま」と助けてくれる人が集まるものです。反対に「自分には関係ない」と手を貸さない人のまわりは、同じように無関心な人ばかりになっていきます。

また、「おかげさま」も、美しい言葉です。「お互いさま」は、手を差し伸べる側の言葉ですが、「おかげさま」は、見えない手が差し伸べられている側の言葉。

仕事で結果を出せたり、昇進できたり、長期休暇をとれたりと、喜ばしいことがあったときに、「みなさんのおかげです」と感謝する習慣があれば心地いい場所になり、嫉妬されることや、足を引っ張られることも少ないはずです。

「おかげさま」「お互いさま」を口ぐせにしていると、人はみな、つながりの中で相互に支え合いながら生きていることを実感し、人を大切にする振る舞いになるのです。

人はひとりでは生きられないから、日頃から感謝を示す習慣が必要なのです

66

「彼女、いい仕事をするのよ」と〝陰ぼめ〟する

メジャーリーグで大人気の日本人選手のインタビューを何度か見ていて、気づいたことがありました。「今日のホームランはどうでした？」など質問をされて、自分の話をするより先に、相手チームの投手がすばらしかったこと、自分の打席の前の選手がいいヒットを打ってくれたことなど、そこにいない人たちのことを、ほめるのです。

素直な言葉で、敵や味方をたたえていて、見ていて気持ちがいいもの。「こんなふうに人間のできた人だから、まわりに愛され、応援されてきたんだ」と感じます。

なにより、ほめられた選手たちは、みんな彼の大ファンになるでしょう。

〝陰口〟ならぬ、〝陰ぼめ〟は、まわりの人を幸せにする力があるのです。

直接「あの仕事、よかったよ」などとほめられるのも嬉しいものですが、第三者に「彼女（彼）は、いい仕事をするよね」と自分がいないところでほめていたと聞くと、喜びが倍増。「ほかの人に言ってくれるのは、お世辞ではなく、ほんとうにそう思っ

てくれているのだ」と誇らしくなり、モチベーションも上がります。

人間の心理には、本人が発信する情報より、他人を介した情報のほうが信頼しやすいという〝ウィンザー効果〟があります。口コミやアンケートを見て購入を判断するのがいい例。第三者がほめると、印象もよくなり、人間関係もうまくいくのです。「この人は人間ができているな」と感じる人は、〝陰口〟を言うことはなく、だれかの話が出てきたときに、「あの人は、よくがんばってるよね」「安心して仕事を任せられる」「おしゃれで素敵よね」など〝陰ぼめ〟を習慣的にしています。

そんな人のまわりは、あたたかい人間関係ができていくもの。陰口を言う人には「自分も陰で悪く言われているかも」という心配もありますが、陰ぼめをする人は「ほめることはあっても、悪くは言わないだろう」という安心感があるのです。

苦手な相手やライバルを〝陰ぼめ〟することで、嫌悪感や嫉妬からも解放されます

67

ほめられたら、素直に「○○さんにほめられると嬉しい」

〝ほめ上手〟は間違いなく好かれますが、〝ほめられ上手〟もまた、好かれる人です。あなたのまわりにも、「この人のことは、なぜかほめたくなる」という人が一人はいるのではないでしょうか。

そんな〝ほめられ上手〟は、とにかく素直。たとえば、仕事やスポーツなどで「すばらしい結果でしたね」とほめられたとき、素直に「ありがとうございます！　そう言っていただけて、嬉しいです」と感謝し、目を輝かせて喜んでくれます。

人は、素直に喜んでくれる人を、またほめたくなるのです。プレゼントをあげたら、思った以上に喜んでくれたから、またあげようと思う心理と同じです。

一方、「いえ、そんなことありません」「今回はまぐれですよ」と、ほめ言葉を〝受け取り拒否〟する人もいるもの。そんな人に対しては、ほめたくなくなってきます。

「おきれいです」「カッコいいですね」「スタイルがいいですね」など、容姿に関することは、つい「いえいえ」と謙遜したくなりますが、素直に「ありがとうございます」と受け入れたほうが、相手も嬉しいもの。「その言葉で、今日一日、ご機嫌でいられます」など大げさなくらいに、どんなに嬉しいかを伝えてもいいのです。

また、ほめられたときに、「ほめ返すのが礼儀」と、「あなたもおきれい」とか「そのピアス、素敵ですね」などとほめても、ぎこちなくなってしまうものです。

いちばんのお返しになるのは、「○○さんにほめられると、嬉しい」のひと言。「○○さんのような素敵な方に」「尊敬する○○さんに」などアレンジもできて、自分にとって相手が特別な人であると伝えているので、〝ほめ返し〟の効果もあります。

相手の心にすとんと響いて、また機会があったらほめようと思うはず。〝ほめられ上手〟は、ほめてくれた相手に対して、喜びと感謝、そして敬意を示すのです。

いちばんいい人間関係は、
互いをリスペクトして、元気になれる関係です

68

「嬉しかったから聞いてほしくて」。自慢話は〝心情〟を語る

自慢話をして嫌われる人と、自慢には聞こえず、嫌われない人がいるものです。

たとえば、過去の栄光自慢、学籍や職歴自慢、家柄自慢、家族や恋人自慢、人脈自慢、お金持ち自慢、モテ自慢……。ほとんどの自慢が嫌われるのは、「オレってすごいだろ」という〝承認欲求臭〟と、「私のほうがレベルが上でしょう？」という〝マウント臭〟があるからです。つまり、他人の気持ちは考えず、自分の気持ちのよさだけでしている自慢話では、相手はちっとも楽しくないのです。

反対に、自慢になりそうな話でも、相手の興味に従って話したり、一緒に楽しんだりするためであれば、ただ事実を話しているという感覚で、自慢話には聞こえません。

好感度の高いタレントさんが、トーク番組などでよくやっているのが、自慢話に、自虐のオチをつけること。「高校時代は陸上の選手で、県代表になったこともありました。全国大会では派手に転んで予選落ちしちゃいましたけど」というように、プラ

スの情報とマイナスの情報をセットにすると、面白いエピソードになります。

また、「このバッグ、レアな限定品で値段も高くて……」とか「ブランドのバッグなんて、いくつも持っているけど……」と〝バッグ〟を軸に話すと自慢になりますが、「何十年も前にこのバッグに一目惚れして、やっと手に入れた宝物なんです」と自分の物語や〝心情〟として話すと、好感がもてるものです。

ただ、だれでも少しだけ自慢したい幸せや喜びはあるもの。親しい間柄なら「ちょっとだけ自慢してもいい？」「嬉しかったから○○さんに聞いてほしくて」と、しつこくない程度に話すのもあり。相手が楽しんで聞いてくれる範囲で。

相手のちょっとした自慢を聞く側も「それはすごいね」「よかったね」と一緒に喜び、称賛できたら、気持ちのいい関係になっていくはずです。


心からの喜びがあふれ出した自慢は、相手の心にも素直に届くのです

69

「連絡して」より「連絡します」「連絡をとり合いましょう」

話がすごく盛り上がって、フラットに仲良くなれそうだと感じた人が、帰り際に「なにかあったら、連絡ください」と言って去っていったことがありました。

なにげないひと言で、本人は悪気は1ミリもないのでしょうが、「こちらから連絡することはないので、そちらからお願いします」と言われているようで、少々寂しく感じたのです。

「あの人とまた連絡をとりたいな」と思っても、そのひと言を思い出すと、「なにも用事はないし…」と躊躇《ちゅうちょ》して、それきりに。万が一、相手が恋愛の対象者だとしたら、「自分には興味はないのだ」とガッカリしたかもしれません。

まわりの好かれる人たちを思い出すと、「連絡ください」と言う人はあまりいなくて、「連絡します」と言っているような気がします。

「連絡して」は相手がとる行動、「連絡します」は言った本人がとる行動。待っている側ではなく、自ら積極的にアクションをとろうとする人のほうが断然、モテます。

「連絡先って聞いてもいいですか?」「LINEとメール、どっちがいいですか?」と、控えめながらも、連絡をとりたい意思を自分から示してくれる人も、好感がもてます。

自分から誘うタイプと、誘いを待っているタイプがいますが、じつは自分から誘う側になったほうが、断然、気が楽。気を揉んで待つ必要はなく、自分の気が向いたときに誘えばいいのですから。「ダメ元」だと思っていれば、傷つくことも少ないはず。

ただ「連絡します」よりも心地いいのは、「連絡をとり合いましょう」。どちらか一方に負担をかけるのではなく、互いに気軽に連絡をとるのが理想です。ある程度、仲良くなったら、連絡がどうのという必要もなく、自然に続いていきます。

たったひと言、されどひと言で、人間関係の姿勢もできてくるのです。


受け身でいる人より、積極的に行動する人は、なにかと不満が少ないものです

70

「手伝ってあげる」より「手伝いましょうか?」

小さな親切をするときに、「それ、やってあげる」「手伝ってあげる」「紹介してあげる」など、「〜してあげる」と口ぐせのように言う人がいます。「あの人には一から仕事を教えてあげた」「この前は奢ってあげた」などと言う人も。

悪気はないからこそ、少々質《たち》が悪い。恩着せがましい言い方で、まわりが心地悪くなっていることや、自分がどんなふうに人と関わってきたかに気づかないのです。

なぜか好かれる人は、「手伝ってあげる」と押しつけた言い方は、あまりしません。「手伝いましょうか」と相手に尋ねたり、相手が困っているときは「手伝いますよ」「なにを手伝えばいいですか」など、さっと行動したりします。

仕事などで人を紹介するときも「紹介してあげる」ではなく、「ご紹介できますよ」と相手に委ねます。相手が喜んでくれると思うのは、勘違いの場合もあります。

好かれる人は、機会があれば喜んで人の力になりたいと思っていますが、それが人間関係の必須だとは思っていません。

相手になにかを〝ギブ〟しなくても、〝心〟を開いて人と接していれば、困ったときには助け合えるとわかっているからです。

「〜してあげる」と恩着せがましく言っている人は、人間関係は「ギブ&テイク」だと思っているのではないでしょうか。だから、自分からの〝ギブ〟を強調して、知らず知らずに感謝や見返りを求めるアピールになってしまうのです。

「〜してあげる」と言っているうちは、心を開いてわかり合うことはできません。

シンプルに「〜しましょうか」「〜します」「〜できます」と変えるだけで、あなたの株はぐんと上がり、「面倒見のいい人」という印象になって慕われるはずです。

自分のやった親切の価値は、自分でなく、相手が決めるものです

71

「なんでもいい」より「どちらかというと、こちら」で一緒に考える

「なんでもいい」という言い方は、相手をひどく疲れさせます。たとえば、「ランチ、どこに行く?」と聞いて、「なんでもいいよ」と答える。投げやりな場合だけでなく、「私はいいから、あなたが好きなように」と気遣って言っている場合もあります。

しかし、言われたほうは「丸投げされても……」と、頭をフル回転して考えなければいけない。「なんでもいい」という人に限って、「じゃあ、ラーメンにしよう」と言うと、「ラーメンは重い……」などとクレームをつけてくることもあります。

ほかにも「なんの映画観る?」「なんのお菓子がいい?」「誕生日プレゼントはなにがいい?」などの問いかけにも、「なんでもいい」と言われると、決める負担が大きくなる。せめて「映画はホラー以外ならなんでも」とか「お菓子は辛い系より、チョコなどの甘い系がいい」などのヒントが欲しい。すると「じゃあ、○○なんてどう?」と一緒に考えて、建設的な答えを導けるわけです。

夫婦や恋人、親子など近しい関係で「この服とこの服、どっちがいい？」「どっちでもいいよ」という会話もありがち。ここで面倒がらずに「自分はこっちがいいと思う。明るい色が似合うから」なんて意見をくれる人は、かならず大事にされます。

相手は、一緒に考えてほしいのです。「自分で決めれば？」と一緒に考えることと伝えることを放棄するのは、とても簡単。ですが、いつもそれを言われるほうは、たまったものではありません。一人で考えて、それを相手に伝え、意思を確認し……とやっていると、ひどく疲れて、一緒にいることが心地悪くなってくるのです。

「なんでもいい」「どっちでもいい」を封印して、「自分はこっちがいい」と自分の気持ちを伝えることを、マイルールにしてはいかがでしょう。好かれることはもちろん、自分の好みや考え方も理解されて、ものごとを決めやすくなるのです。

聞かれたら、きちんと考えて、きちんと伝える習慣は、信頼関係の土台です

72

頼み事をするときは「してください」より「していただけますか？」

仕事やプライベートでなにかを頼むとき、「〜してください」と使うことはありませんか？　「仕事を手伝ってください」「資料を送ってください」「日程を決めてください」「ここを片づけてください」というように。

普通の指示のようですが、じつは「してください」は、命令の言葉なのです。丁寧語ではあるのですが、「仕事を手伝ってください」などと言うと、相手に選択の余地を与えません。本来、頼む側の都合であるのにもかかわらず。

やることが前提の「スライドをご覧ください」「ここにお名前をご記入ください」などの場合は、自然な表現ですが、なんにでも「してください」を使っていると、命令口調のように感じて、まわりは「なによ、偉そうに」と心地悪くなってきます。

「してください」よりも相手が受け入れやすいのは、「していただけますか？」という疑問形で依頼する言葉。親しい関係なら「急で申し訳ないんだけど、手伝ってもらえるかな?」。「手伝ってもらえると、助かるんだけど」の言い方もあるでしょう。

とくに上司や目上の人ほど、相手の意思を尊重する言い方をしたほうがいいのです。私が出会ってきた上司で、みんなから好かれている人の多くが、命令口調ではなく、「〇〇していただけますか」「〇〇をお願いできますか」といった疑問型の丁寧な言い方をしていました。

他人行儀のようですが、毎日言われ続けるとなると、やさしい口調のほうが心地よく、「もちろんです!」と積極的に応じたくなるのです。

こうした丁寧な言い方は、家族や友人など近い関係でも使いたいもの。「帰りに牛乳買ってきて」ではなく、「悪いんだけど、牛乳買ってきてもらえるかな」など言い方の習慣で、相手を尊重し、感謝しようとする気持ちも生まれます。

相手も気持ちよく動いてくれると思うのですが、いかがでしょう。

やさしい言葉には、やさしい言葉が返ってきます

73

相手のミスには「私も確認するべきだったね」というひと言を

一緒にやっている仕事がうまくいかなかったとき、トラブルが発生したときなど、相手のミスが原因だったとしても、「私も途中で確認するべきだったね」「最初にちゃんと説明できていなかったかな」など自分にも少しは非があるというニュアンスのことを言ってくれる人は、信頼され、人望が集まるものです。

そんな人に対しては、素直になって「いえ、私のミスです。つぎからは気をつけます」と反省、改善しようとし、一緒に前を向けます。

一方、100%相手の責任にして「ちゃんとやってよ」「なんでできないの？」と責める人も多いものです。そんな人は「多少なりとも自分に非があったのではないか」という思いには至りません。すると、相手が「そっちだって……」と責めてくる。本来、仕事を進めることが目的なのに、人間関係のバトルで消耗してしまうわけです。

仕事がうまくいっているときは、人間関係もうまくいくもの。問題が起きたときに、その人の〝人格〟が問われます。相手を責める言葉ひとつで、それまで積み上げてきた信頼が一気に崩れて、「あの人とは二度と仕事をしたくない」と嫌われるのです。

じつは私も数十年前、それで仕事を失ったことがありました。それからは「相手を責める言い方はしない」と心がけてきました。ミスをして悪いことは、相手もわかっている。わざわざそこを突いて〝敵〟になるより、「お互い気をつけましょう」と〝同士〟の側にまわったほうが、断然、気持ちよく仕事ができるのです。

プライドが高い人は、なかなか自分の非を認めることができません。家族やパートナーとぶつかって気まずくなったときも、「謝るが勝ち」。「謝ったら負け」という考えだと、いつもいる場所が戦場になって疲弊するだけ。「ごめん。言いすぎたね」と言えれば、建設的な話し合いもできて、誇り高く前に進めるのです。

一緒に仕事や生活をしている関係では、相手を責めるより、励ます側になりましょう

74

お詫びをするときは「心配をさせてしまった」と相手の感情に寄り添う

人様に迷惑をかけまいとしていても、生きていれば〝謝罪〟する場面が出てくるもの。小さなことでは待ち合わせの時間に遅れた、約束が守れなかった、失言したなど。そんなとき、どう対応するかで、人間関係はまったく変わってくるのです。

先日、仕事仲間からメールの返事がないので「なにか問題がありました？」と再送信したところ、「整理してから返信しようと思っていたんですが、たしかに返事がないと心配になりますよね。申し訳ありません」と、速攻で連絡がきました。

この「心配になりますよね」というひと言があるだけで印象が違う。気持ちを理解してくれたと癒やされて、たとえネガティブな感情があっても一気に消えるでしょう。

私自身もこれまで多くの方に迷惑をかけ、許してもらうことで生き延びてきました。

先日も家の改修工事をしたとき、事前に近所にご挨拶をしたものの、「こんなに騒音がひどいとは思わなかった」と連絡があり。こちらが迷惑をかけているのは事実ですから、お相手の事情を最後まで聞いて「お昼寝をされているときに音が響くと、辛いですよね」「いつまで騒音が続くかわからないと不安ですよね」と心情に寄り添い、誠心誠意、お詫びすると、お相手も納得してくださったのです。そのあとも、「来週は音がうるさそうです」「昨日は大丈夫でしたか？」など、マメにコミュニケーションをとっていたので、むしろこれまでよりも仲良くなったほど。

だれもがなにかしら迷惑をかけながら生きているもの。「嫌な思いをさせてしまいました」「戸惑われたと思います」など、相手の心情に寄り添って、お詫びや感謝に心がこもっていれば、悪いことにはなりません。

やってはいけないのは、言い訳をして正当化すること。事態を矮小化して伝えること。謝り方さえ間違わなければ、それを見ている人からも信頼を得るはずです。

謝るときは自分のことは脇に置いて、相手にとことん寄り添うのが基本です

75

「お先にどうぞ」で心の余裕を生む

エレベーターや改札口で人とぶつかりそうになったとき、レジで後ろの人が商品を一つしか持っていないとき、同じタイミングで発言しようとしたときなど、「お先にどうぞ」と、にっこり微笑んで譲ることをマイルールにしています。

以前は「時間の余裕があるときだけ」と思っていましたが、譲れないのは時間ではなく、気持ちの余裕がないから。時間は大して変わりません。ストレスがあったり、体も疲れていたりすると、電車で席を譲るやさしさも生まれないのです。

しかし、そんなときでも「どうぞ」とやってみると、清々しく、心の余裕が生まれます。「ありがとうございます」と感謝されると、ストレスも疲れも吹き飛びます。「お先にどうぞ」が習慣化されると、不思議なもので、人に対してあたたかい目が向けられるようになり、ぶつかることがなくなるものです。

人とぶつかるのは、自分しか見えていないとき。「我先に」と先を争う姿は、美しいものではありません。車道で他の車を割り込ませまいと車間を詰めたり、品切れになる食料品を買い占めたり、だれより評価されたいと上司にとり入ったり……。

仏教では、自分さえよければ他人はどうなってもいいという考え方を「我利我利《がりがり》」といいます。芥川龍之介の児童文学『蜘蛛の糸』は、地獄に伸びてきた蜘蛛の糸に、我先にと大勢でしがみつく。その結果、糸が切れて全員がまた地獄に真っ逆さまに落ちていく……と、この「我利我利」を表した物語です。

人間だれしも、余裕があるときは「お先にどうぞ」と譲ることができても、追い詰められると、他人を押しのけても自分を優先したい気持ちが出てきます。逆に「お先にどうぞ」と譲って人を思いやる「自利利他《じりりた》」の精神で生きると、自分が救われます。「我利我利」「自利利他」、どちらの行動をとるかが、幸せの分かれ道なのです。

「譲る姿」はとても美しく、気品に満ちています

76

手助けしたいときは「大丈夫？」より「なにをすればいい？」と尋ねる

全盲の人、車椅子や杖の人などと一緒に歩く機会があるとき、多くの人はどう接していいか迷うのではないでしょうか。手を貸していいものか、どんなふうに手助けすれば、相手は助かるのか……と。

全盲の友人によると、そんなときは「大丈夫ですか？」と聞くより、ストレートに「なにをしたらいいですか？」と聞けばいいとのこと。

「大丈夫ですか？」と聞くと、人によっては「大丈夫です」と答えてしまいます。「なにをしたら？」と聞くと、「じゃあ、◯◯してください」とスムーズ。ほとんどの人は介助の仕方を知らないので、障がい者は教えることに慣れているのだとか。

考えてみると、私たちは、つい「大丈夫？」と聞いてしまうことがあるものです。

だれかが具合が悪そうなとき、仕事を多く抱えているとき、落ち込んでいるとき、なにかの役割を任されたときなど、「大丈夫？」と聞くと、相手はとっさに「大丈夫です」と答えてしまう。けれど、ほんとうは心細くなっているのかもしれません。

そんなときにもう一歩踏み込んで「なにをすればいい？」「なにか手伝いましょうか？」「できることがあれば遠慮なく言って」などと積極的に手伝う姿勢を示すと、「じゃあ、お願いしてもいいですか？」となることがあるのです。

具体的に「○○なら協力できるよ」「△△なら任せて」と、できることを伝えておくと、さらに頼りやすくなるでしょう。「いまのところ、大丈夫です」と言われても、力になりたいという気持ちは伝わるはず。

だれかが困っているときに、積極的に声をかけてくれる人は、間違いなく好かれます。なにより「困ったときは助ける」という空気ができると、だれにとっても心地よく、やさしい場所になっていくのです。


困っている人に目を向けることは、大人としての役割です

77

伝え方の順番は「あの店、美味しいけど高い」より「高いけど美味しい」

好かれる人は、話の最後は、意識してポジティブに締めるように心がけているものです。「今日は楽しかったけど、疲れた」と言うより、「疲れたけど、楽しかった」というように、最後に肯定的な事柄がきたほうが、相手にいい印象が記憶されます。

一方、ただやみくもに「疲れた」「つまらなかった」「もう行きたくない」などとネガティブなことばかり言っている人もいます。そんな人は、当然、ネガティブな印象がついてまわり、人が離れていくでしょう。

また、普段は気をつけている人でも、「いい情報」と「悪い情報」を伝える必要があるとき、いい話を先に伝えたい、悪い話は後回しにしたい心理が働くこともあります。たとえば、営業で「A社の契約がとれました」「B社から契約をとり消されました」というとき、B社の話はしたくなくて、A社の話を真っ先に伝えたいわけです。

しかし、聞く側としては、先に悪い情報を聞いたほうが、心理的負担は軽いのです。

「ゲインロス効果」とは、初めにネガティブな印象を与えた上で、後からポジティブな印象を与えると、最終的にポジティブな印象が倍増する効果をいいます。

反対に、上げてから落とすと、ネガティブな印象も強調されます。

プレゼンなどをするときも、最初に欠点や問題点を正直に伝えて、それを上回る利点や解決策を伝えることで、顧客の信頼を得やすくなるのです。

ただし、例外もあります。それは相手に注意などをするとき。本人なりに精一杯やっているのに、いきなり「作業スピードが遅い」などとネガティブなことを言われるとショック。またポジティブで締めると「これでいい」という印象に。「作業の精度が高い。一日で終わるくらいにスピードアップできたら完ぺき」など肯定的、具体的な伝え方を。ほめたあとに問題点を伝えると、相手は「改善せねば」となるのです。

話す内容より、話す順番によって印象は大きく変わります

Chapter
7

「なぜか魅力的な人」は好かれる

78

「ワクワクするなぁ」「緊張してます」。自分の感情を口に出す

「なぜか好かれる人」について、明るく感じのいい人、一緒にいて心地いい人、気配りのできる人など、さまざまな要素を書いてきましたが、なんといっても「人として魅力があるんだよなぁ」と感じる人は、自然に惹《ひ》かれてしまうのではないでしょうか。

魅力的な人は「好かれよう」などと考えないで、思いっきり伸び伸びと〝いまの自分〟〝いまの状況〟を楽しんでいるように見えます。まっすぐ前を向いていて、人に対しても心を開いているから、自然体で心地いいのです。

最終章では、そんな「なぜか魅力的な人」がやっている習慣についてお伝えします。

まず、特徴的なのは、喜怒哀楽を素直に表現していること。「あー、楽しかった！」「面白いなぁ」「気持ちいいー」「ドキドキする」「楽しみだねー」なんて、感情を言葉に出しています。一見、だれもが発していそうな言葉ですが、頭で思っているだけで、

実際、口に出している人は少ないのです。

「感情を言葉にして出す」ことを意識してやってみると、ものすごく解放されたような心地よさがあります。感じ方もより強くなると実感するでしょう。

表情ゆたかに感情を口にする人は、わかりやすく、話していて楽しいもの。「ワクワクする！」と楽しみにしている人と一緒にいると、盛り上がってくるし、「緊張してます」と素直に心を開いてくれる人は、親しみがもてる。ケンカになったとき、下手な攻撃をされるより、ひと言「悲しい」と言われたほうが心に響きます。反対に表情が乏しく、なにを考えているかわからない人は、つき合いづらいでしょう。

自分の感情、思いを伝える習慣は、人間関係のなかで自分らしく生きるための一助となるはずです。

プラスの感情はより大きく出して、マイナスの感情は控えめ、または出さないのが鉄則です

79

身近な人から大切にする

雑誌のフリーライターをやり始めたころ、スクープ記事を連発する敏腕ライターから、いろいろと教えてもらっていました。

「先輩はいろんな業界に人脈があるんでしょうね」などと称えたところ、「そうでもない。知り合いはいても、他人のためにリスクを冒したり、ひと肌脱いでくれる人は少ないよ。それより家族や長年の友人、家族ぐるみでキャンプをする人たちなど身近なところから、びっくりするネタが出てきて、協力してもらえるんだ」。

先輩は忙しくても、家族サービスや親孝行などの時間を大事にして、ご近所との仲も良好。だから協力や助言を惜しまないブレーンの力が強固だったのでしょう。

仕事、ビジネスにかぎらず、まわりから大切にされているのは、まず身近な人を大切にしている人です。遠くの人や権力者にいい顔をしても、近くの人を大切にできず、コミュニケーションがとれていない人は、足元から崩れていきます。

身近な人を大切にすることは、人生の基盤になります

なかには家族や同僚にはキツい態度なのに、ネットの友だちや趣味の仲間には、別人のように、いい人を演じている人もいます。そんな人は、近い人からなにかと言われることが嫌で、認めてくれる人を求めて、彷徨《さまよ》っているのかもしれません。

身近な人は甘えが許されるし、ぶつかることもある。けれど、目の前のいちばん近い関係を満たすことなくして、遠くを満たすことはむずかしいはずです。

ひとりで生きられる環境でも、損得勘定ではなく、心から応援してくれる人を大切にしたいもの。言いにくいことも言ってくれたり、一緒に喜んで、一緒に泣いてくれたりする人をもつには、まず自分が近くの人を気にかけて、感謝を伝えましょう。

まわりの人の話を聞いて、少々の時間と手間と、ときにはお金もかけましょう。人を大切にするほど、自分が幸せになれることは間違いないのですから。

80

夢や目標は公言しておく

自分のやりたいことをつぎつぎに実現していく人たちに会うと、本当に楽しそうに「3年以内にお店を出したいと思っているんです」「30代のうちに一度、海外生活をしたいです」「来年は絵の個展を開く予定です」などと、自分の夢を語っています。

なるほど、夢を公言することで、結果を出せているのだと実感するのです。

夢に向かって試行錯誤しながらも、夢中で進んでいる姿は輝きを放っているもの。興味をもった人が近づいてきて、アイデアを出したり、人を紹介したりして、巻き込まれていく。その結果、いい情報やチャンスに恵まれて、夢が実現するのです。

「小学校をつくりたいんですよ」と、大きな夢を語っている友人女性がいました。最初は多くの人が「なにを夢みたいなことを言っているのか」と傍観していたようです。が、クラウドファンディングで資金を集め、廃校になった学校を買い、役所も巻き込み……と奔走しているうちに、一人の夢は「みんなの夢」になっていったのです。

彼女の前に進む姿はほんとうに魅力的で、愛されていて、私たちは壮大なドラマを見せられているよう。巻き込まれる人が増えるほど、実現に近づいていくわけです。

「夢は公言しないほうがいい」といわれることがありますが、嫉妬から潰そうとする〝ドリームキラー〟が現れたり、本人も人に話したことで満足してしまうから。

しかし、本気で叶える気があれば、夢を公言することは、ひとつの〝プレゼンテーション〟なのです。商品説明をしないと、それを買ってくれる人が現れないように、夢も「こんな素敵なことを叶えたいのだ」とプレゼンテーションすることで、その人の魅力がわかって、応援してくれる人が現れます。

一人だけでできることなど、ほとんどないのです。「○○に挑戦したい」「△△のスキルを習得したい」「□□に旅行したい」など小さな目標から公言してみませんか。

夢を公言することは、「有言実行」の覚悟が決まる効果もあります

81

人の幸せを「ほんとうによかった」と心から喜ぶ

友人の成功や、結婚、出産などを素直に喜べずに、「私って性格が悪いのかしら」と思ったことは、だれしも多かれ少なかれ、あるのではないでしょうか。

それは、自分の劣等感を激しく刺激するからです。友人が幸せそうにしているのを見ると、相手のことよりも、その幸福が訪れていない自分に目が向いてしまうのです。

同じような心理で「人の不幸は蜜の味」があります。お金持ちになって贅沢三昧をしていた人が一気に貧乏になったり、恋人自慢を散々していた人が浮気をされたりすると、「ざまあみろ」とさえ感じてしまう。この厄介な感情は、ドイツ語で「シャーデンフロイデ（損害の喜び）」という心理学用語で呼ばれていて、他人の不幸で自分の劣等感が和らぐ〝快感〟は癖になるのです。

インターネットで誹謗中傷がどんどん拡大していくのは、その対象者の問題だけではなく、叩く側の心の闇「シャーデンフロイデ」が伝染した現象なのかもしれません。

年を重ねていくと、嫉妬や劣等感から解放されて、「人の幸せを心から喜べる人」と、他人の悪口を言って僻《ひが》みっぽい「人の幸せを喜べない人」に、大きく分かれるようです。口に出す言葉や考え方の癖によって、心の器の差は広がっていくのです。

魅力的な人は「人は人、自分は自分」という線引きができていて、「自分にとって大切なもの」がわかっている。だから、人と比べて自尊心が傷つくこともありません。

もし、「人の幸せが喜べない」と感じたら、「それはよかった」と肯定してみるといいでしょう。相手が友人であれば「おめでとう」「私も嬉しい」と言った瞬間、「自分は自分でいいのだ」という〝誇り〟が芽生えて、嫉妬からも解放されるのです。

人の幸せを喜べる瞬間もひとつの〝快感〟。家族、友人、他人の幸せも、一緒になって喜ぶ習慣ができたら、幸福感は何倍、何十倍にもなるのです。

人の幸せを喜べる人は好かれて、自分の幸せも一緒に喜んでもらえます

82

「直感」と「直観」で選ぶ

家を建てた人から「大きな買い物ほど、直感で選んだほうが後悔しない」と聞いたことがありました。それまで、メニューを選ぶときや、着ていく服を決めるとき、部屋に花を飾るときなど「これ！」と直感に頼っていたけれど、大枚をはたくもの、長く使うものの選択は、じっくり考えて決めるべきだと思っていました。

大きな買い物も試してみると、深く納得。たとえば、「この車、なんか好きだなあ」と直感で選んだ車は、多少使いづらくても、ときどき故障しても、やっぱり好き。結果、長く乗るのです。マンションを借りるときも「この雰囲気が最高。ここに住みたい！」と理屈抜きに選ぶと、駅から遠くてもやっぱり好き……。

つまり、言葉にならない直感的な「好き」は最強なのです。恋愛と似ていて、あれこれ条件で選ぶと「ちょっと違う」という部分が気になり、違和感は大きくなる。単純に好きな人を選ぶと、自分が合わせようとするので、幸福感があるわけです。

直感とは、感覚的に物事を感じとること。パッと見て「こっち！」と感じる。ウキウキ、ワクワクする。いい感じ。楽しい。心地いい。こういった直感を大事にしている人は、自分に正直で魅力的。ファッションでも趣味でも、ライフスタイルでも、人間関係でも自分の好きや心地よさを追い求めるので、感覚が研ぎ澄まされています。

一方で「人から見てどう思われるのか」「まわりに合わせなければ」「損か得か」といった自分の心以外のものを軸に決めると、結果的にうまくいかないのです。

「直感」と似た感覚に「直観」があります。直観とは、経験から生み出される〝ひらめき〟のこと。自分のなかのビッグデータから「そうだ！　○○しよう」など幸福になる道を教えてくれます。稀にデータの入力ミスがあり、間違えることもありますが。「直感」と「直観」を信じることは、自分を信じて、軽やかに生きることなのです。

行動の97％を占める〝無意識〟は、いつも私たちを幸せにするために動いています

83

やったことのない新しい体験、〝サムシング・ニュー〟をする

魅力的な人というのは、大抵、好奇心旺盛。「それ、なに？」とすぐに興味を示し、やったことがないことは「やってみたい！」と体験しようとします。

70代の女性の友人も「スキューバダイビング、初体験しちゃった」「まつげパーマを初めてやったけど、意外によかった」「鹿鍋って初めて食べたわ」など、新しいことはとりあえずやろうとするので、感性が若々しい。考え方が柔軟で、話の引き出しが多いからか、20代30代からも慕われているのです。

ある研究では、60〜80歳でも、20代30代の思考力や記憶力、判断力を維持している〝スーパーエイジャー〟と呼ばれる人の共通点は、「新しいことにチャレンジすること」だといいます。

若くても好奇心が乏しく、自分の世界を広げようとしない人は、脳が萎縮して思考力が衰え、凝り固まっていく。そうなると、人としての魅力も失われていくでしょう。

私も新しい体験〝サムシング・ニュー〟をすることが大好き。週1回は意識して、やるようにしています。といっても、自然にやりたくなり、楽しめることばかり。最近では、ブルーベリーを摘む、ジムでエアロビクスクラスを体験、初めての場所に行く、自然科学の本を読む、地元のお祭りに行くなどなど。脳がアップデートされている感覚や、充実感、達成感があり、シンプルに毎日が楽しく感じます。

これまで認識していなかった自分の性質や価値観に気づくことや、仕事やほかのプライベートにも意欲的になること、自己肯定感が高まる効果もあります。

〝新しい体験〟はハードルが高いと感じたら、習慣的にやっていることを一部、新しくするにもあり。「別な道を通って帰る」「いつもと違う料理を作る」「シャンプーを変えてみる」だけでも、マンネリが打開できて、新鮮な感覚や気づきがあるはずです。

新しいこと、少々難しいことにチャレンジすることが、脳の活性化につながります

84

社外の人たちと接点をもち、自分の世界を広げる

毎日、至るところで異業種交流会や、セミナーなどのイベントが開催され、ＳＮＳ上の趣味の会でオンライン参加もできる。自分でもネットで情報発信して、人を集められる時代。というのに、そんな機会を活用している人は、意外に少なく、「家と会社の往復だけ」と言っている人のほうが多数のようです。「忙しくて、よく知らない人と遊んでいる暇はない」「わざわざ人脈を広げる必要もない」なんて言う人も。

しかし、それではもったいない。なぜなら、社外の人、自分と違う世界の人とつき合うことは、〝自分〟という一人の人間を魅力的に変えてくれる機会だからです。

職種やその人の性質にもよりますが、「長い間、仕事しかしてこなかった」という人は、真面目で辛抱強くて、その中のことは精通している一方、どこか社会性に欠ける部分があります。社内ではうまくいっていたので、そんな人にかぎって自信満々。いざ趣味の会などで会社名や肩書きを出してマウントをとり、嫌われてしまうのです。

会社という後ろ盾なしに人と交わることで、本物の出会いや学びがあるのです

いつもの場所で似た属性の人に囲まれているだけでは、社会性が育ちにくいのは必然。家でも職場でもない場所で、肩書きのない〝ただの人〟として交流する機会をもつと、コミュニケーション力が磨かれて、自分の人としての魅力も意識させられます。自然に「どんなふうに人とつながればいいか」を考えて心を開き、相手の視点や価値観も学ぶ。第三の場所ができることで、仕事に対して気持ちの余裕ももてるはず。

私はいま、伝統楽器の「天吹《てんぷく》」の同好会に参加しています。子どもから高齢者まで話す機会があり、毎回、その発言に驚いたり、刺激を受けたり、尊敬したり。「いろいろな人がいるものだ」「面白いこともあるものだ」と世界が広がって楽しい。

そんな場所で慕われる人は、どんな年代とも、どんな業種の人とも、垣根を越えて楽しく話せる人。〝一人の人間〟として、なんともいえない魅力がある人なのです。

85

あえて「人がやっていないこと」をする

人と仲良くするため、人から好かれるには、ファンションや趣味、イベントなど、流行を意識したり、人と同じ行動をとったりすることが大事だと思っていませんか？

しかし、あえて人と違うことをしたほうが、仲良くなるチャンスはあるのです。

振り返ってみると、私は子どものころから、人と違う道を歩いてきました。人と同じことができなかったからです。高校時代、それが劣等感でクラスにも馴染めず、不登校になったことがありました。久しぶりに登校して、ひとりぼっちで過ごした放課後、ある女子が「家でなにしてたの？」と話しかけてきました。

「毎日、ワイドショー番組を見てた。ロス疑惑ってすごい殺人事件があって……」と話し始めたら、数人か集まってきて「面白い！」「もっと教えて！」と興味津々。当時はスマホもなく、だれも知らない情報だったので、私はミステリー小説のように話し、すっかり仲良くなれたのです。「人と違うのもいいものだ」と思うきっかけでした。

人と同じではなく、人と違うことにこそ、価値があるのです

私は多くの転職をしましたが、それぞれの職場で「人がやっていないこと」を見つけて実行することで、仲間として受け入れてもらえ、居場所ができていきました。

特別な能力がなくても、人が嫌がってやらないこと、だれも気づかず盲点になっていること。これから必要になることなど、「だれもやっていないこと」はあるのです。

人と同じことをやると、なにかと比べられたり、役割を奪い合ったりするものですが、自分一人しかやっていないことは独占状態。人と争うことはなく、むしろ、人と違う視点で考えることで、新しいアイデアや解決策を提供できて、感謝されるのです。

趣味でも学びでも、読む本や観る映画でも、「人と同じ」でなく、あえて「人と違う」ものを選んでみませんか。人に合わせたり流されたりする道ではなく、自分で選んだ唯一無二の道を進めるようになり、「我ながら面白い人生」と満足するはずです。

86

チャンスがやってきたら、迷わず飛び乗る

「チャンスの神様には前髪しかない」とは、よく聞くことわざ。チャンスの神様には後ろ髪がないため、やってきた瞬間に「これだ！」と前髪をガシッとつかまないと、あっという間に通り過ぎてしまう。「いつかやろう」「検討してから」「時間ができてから」などと思っていては、チャンスの神様は二度とやってこないのです。

魅力的な人の特徴のひとつは、チャンスを味方にしていること。そして、まわりの人を大切にしていることです。チャンスをつかんだ人のことを「運がいい」などといいますが、運とは、多く場合、まわりの人が〝運んで〟きてくれるのです。

どんな職種でも仕事が絶えない人は、「この仕事、やる？」と言われたら、迷わず「やります」と答えているもの。少しでもやってみたいと思ったら、飛び乗る。そして、夢中で取り組んでいるうちに「一緒に仕事をするなら、この人がいい」と思う人が現れて、さらなるチャンスがやってくるのです。そんなチャンスの波につぎつぎに乗っ

ていると、自分一人ではけっして行けない遠くの場所まで連れていってもらえます。

私も「会ってみる？」「行ってみる？」「一緒にやる？」と言われたときに、少しでも興味があれば、「もちろん！」とノリで飛び乗る癖があります。気ままな旅と同じで、先の予定を決め込みすぎず、そんな予定外の出来事を歓迎したほうが面白い。

また目の前に、会いたかった人や気になる人が現れたら、「チャンス！」とばかりに声をかけることにしています。以前は勇気がもてなかったけれど、これも旅と同じで「この機会を逃したら、この人に一生会うことはない」と思うのです。

ほとんどはその場だけの楽しい会話で終わりますが、数％は人生が変わるような大展開もあります。声をかけなければ、その確率も0％です。チャンスはだれにでもやってくる。それに気づいて味方にできるかは、あなた次第なのです。


チャンスは、まわりの人に目を向け、感謝する人のもとにやってきます

87

「せっかくだから楽しもう」と考える

とても魅力的で大好きな友人たちに共通しているのは、「人生、楽しんでるなあ」と人生を謳歌する姿勢です。そんな人は、笑顔とエネルギーがあふれて、無理をしなくても結果がついてくる。いえ、結果は関係なくて、楽しむこと自体が目的なのです。

ある友人は、なにをやっても楽しそう。新しいビジネスへの挑戦も「大変だけど、楽しいよー」と言うし、数か国語をマスターするのも、家を一人でDIYするのも、おしゃれをするのも、料理や掃除も心から嬉々としてやっている。なにをするのも気軽なのに、一つひとつ面白がっているから、レベルも高いのです。

交通事故で大ケガをして、長期入院していたときも「この生活も案外、楽しいのよ」と言っていて、どうやら強がりでもなさそう。もちろん、辛いこともあったでしょうが、ほかの入院患者とおしゃべりを楽しんだり、たくさん本を読んだりして、いつもは味わえない時間を大切に過ごしているようでした。

彼女から学んだのは、「せっかくだから、楽しもう」と考える姿勢。最初から楽しいことだけをやれればいいけれど、生活のなかには気の進まないことや、日常すぎてマンネリすることもあります。放っておくと、ネガティブな感情に支配されてしまう。「せっかくだから、楽しもう」と考えると、どんなことにも楽しめる要素があると気づきます。別の友人は「30分の車通勤で、オーディオブックを聴くのが楽しみ」「職場に配達にくる人と短い雑談をするのが密かな楽しみ」なんて言っていました。

この場面を楽しむためにはどうしたらいいかを考えて行動している人は、「私はいつだって幸せになれる」という品格さえ感じます。

どんな時間でも、永遠に続くことはありません。一つひとつの瞬間を愛おしむように味わっている人は、だれから見ても魅力的で、好きにならずにはいられないのです。

楽しむことは、「簡単には不幸にならない」というプライドでもあります

88

好かれようとするより、自分から「好きになる」

だれからも人気がある社長の友人がいます。社員は社長のために積極的に動き、多くのクライアントから絶えず仕事の声がかかります。

「好かれるコツって、なんですか」と聞くと、「自分から好きになること」と即答。「人間、自分を好きになってくれる人のことは好きだし、自分を嫌っている人、関心がない人のことは嫌い。合わせ鏡みたいなものだから」と。

また、人を好きになるためのコツは、至ってシンプル。「ひとつだけでも、尊敬する点や長所を見つけること。どんな人も、かならずいいところはある。それを口に出してほめていると、自然に好きになるし、欠点はさほど気にならなくなる」のだとか。

たしかに、まわりを見渡してみても、「なぜか好かれる人」は、自分から人を好きになって、あたたかい目を向けている人。自分から声をかけて会話を楽しんだり、ほめたり、感謝したり、助けたりと、相手の喜ぶことをしています。だから、相手は「自分は大切にされる存在なのだ」と〝自己重要感〟をもてるのです。

一方、「好かれたい」「認められたい」と、自分に意識が向いている人は、自分を表現することに一生懸命。「自分が、自分が……」と自己主張したり、「嫌われたくない」と萎縮したり、八方美人で疲れたり……と、相手のことが見えていません。人を信用できず、〝敵視〟する気持ちが、表情や態度に出てしまうのです。

「好かれようとすると、好かれない。好きになると、好かれる」というのは、人間関係の真実。相手を好きになれなくても、せめて嫌いにならないようにして普通に接すると、精神衛生上、とても楽。人間関係の摩擦も、ぐんと減るでしょう。

「長所を見つけて、自分から好きになること」をぜひ習慣化してください。「私は人に恵まれている」という多幸感で満たされ、笑顔の多い生活が送れるはずです。

すべての人が「自分を重要な存在として扱ってほしい」と願っています

〈著者略歴〉
有川 真由美（ありかわ まゆみ）

作家、写真家。鹿児島県始良市出身。台湾国立高雄第一科技大学応用日本語学科修士課程修了。化粧品会社事務、塾講師、衣料品店店長、着物着付け講師、ブライダルコーディネーター、フリー情報誌編集者など、多くの職業経験を生かして、働く女性へのアドバイスをまとめた書籍を刊行。著書はベストセラー「いつも機嫌がいい人の小さな習慣」（毎日新聞出版）、「感情の整理ができる女《ひと》は、うまくいく」「50歳から花開く人、50歳で止まる人」「一緒にいると楽しい人、疲れる人」（PHP研究所）、「感情に振りまわされない―働く女《ひと》のお金のルール」（きずな出版）、「『気にしない』女はすべてうまくいく」（秀和システム）など多数。韓国、中国、台湾、ベトナムでも翻訳される。内閣官房すべての女性が輝く社会づくり推進室「暮らしの質」向上検討会委員（2014－2015）。日本ペンクラブ会員。

なぜか好《す》かれる人《ひと》の小《ちい》さな習慣《しゅうかん》

第１刷　2024年12月５日
第３刷　2025年４月10日

著　者　有川真由美《ありかわまゆみ》

発行人　山本修司

発行所　毎日新聞出版
〒102-0074
東京都千代田区九段南1-6-17 千代田会館5階
営業本部：03（6265）6941
図書編集部：03（6265）6745

印刷・製本　光邦

ISBN978-4-620-32817-1